基礎知識と実例
中国語契約書

莫 邦富事務所・張 玉人 共編
Mo Bang fu Office　中国弁護士

The Japan Times

衰えない日中ビジネスの応援歌でありたい
——前書きに代えて

　1年前、中国ビジネスへの、そして進出企業への応援歌として、莫邦富事務所で『労務・人事・総務　中国語社内文書実例集』を制作した。
　中国でビジネスを成功させるために最も求められるもの、それは地道な努力を根気よく続けることである。異国の地、異文化のなかで、文化的なバックグランドが違う従業員を相手に企業運営を進めること——進出企業にとっての日常管理業務——これは相当に精神力と体力を消耗する大仕事であり、中国進出企業の管理を任せられている日本人幹部のこうした負担を少しでも軽減しようと企画、執筆したのが『労務・人事・総務　中国語社内文書実例集』であったが、本書は、その姉妹編である。

　現在、中国に進出した日系企業は3万社を数えるだろう。日中間が政治的にギクシャクしているいま、進出すべき企業のほとんどがすでに進出しているということもあり、日系企業の中国進出の勢いは数年前から見るとだいぶ落ち着いてきた。その一方、進出先での部品調達率を高め、製造コストを減らし、地元での仕事の受発注を増やしたいと考える進出企業が増えているのが現状である。
　さて、中国でのビジネスにおいて一番難しいのは、商品代金の回収にかかわる問題だと言われているが、現在ではもはや新語とは言えない新語に、「三角債」というのがあるのをご存知だろうか。「三角債」とは、A社がB社に、B社がC社に、そしてC社はA社に、それぞれ返すべき借金を返済せず、焦げつかせている状態の債務のことを言うが、実際には3社だけでなく、借りるほうも貸すほうももっと数が多く、複雑に入り組んだ多角形をなしている。そのため、いったい中国にどれだけの「三角債」があるのか、誰も正確な数字をつかめずにいた。
　国務院が「全国規模での"三角債"整理工作展開に関する通達」を公布したのが1990年3月25日。翌1991年の4月8日、第7期4回全国人民代表会議で副首相に任命された朱鎔基が最初にまかされた仕事が、この三角債問題であった。朱鎔基の強力な指導のもと、92年7月末、国務院三角債整理弁公室は、91年以前の三角債問題を予定より1年早くおおむね整理し終えたと宣言した。だが、経済の過熱によって、まもなく三角債問題は再燃し、温家宝首相となったいまでも、中国でビジネスを展開する企業を悩ませ続けている。
　その三角債問題の被害を避けるための、最も基本的な自己防衛手段と言えば、きちんとした契約書を作ることだ。日本社会でよく見られる口約束ではなく、取引双方のビジネス意向をきちんとした書類に仕上げ、署名捺印のある正式文書にしておくことである。

大きなビジネスや重要な取引であれば、言うまでもなくどの企業も契約書を作っており、しかも、顧問弁護士や社内の法務部が目を光らせているだろう。問題は日常よくある細かいビジネスである。金額もそうたいしたものではないから、つい口約束で取引に応じてしまう。何の問題もなければ、それはそれで効率的と言えるかもしれない。ただ、いざ問題となると、契約書を交わしていないことが致命傷になる。実際、ビジネスの現場で私は何度もこうした光景を目にした。さりとて、こうした細々とした取引にも契約書を作るとなると、かなり面倒な作業となる。

　そこで考案したのが本書である。「弁護士に頼むまでもないが、契約書がないと心細い」といった日常的な小さな取引に対応する契約書用例集として一冊にまとめたものである。

　第1章では、商品販売に関する契約書をメインとし、10種類の契約書サンプルを用意した。ちなみに、本書で取り上げている商品販売契約書は、あくまでも先に述べたような日常的な細々とした取引か小額の取引向きの契約書である。金額の大きい取引や正式な海外輸出関連の取引の場合は、正式の契約書を使っていただくほうが確実だろう。

　第2章は、会社管理に関する契約書で、コピー機や車のリース契約など、社内の日常的な管理に必要な業務などに対応する8種類の契約書類である。たとえ親しいところから借りるにしても、こうした契約書を交わしておいたほうが安心かつ安全だと思う。

　第3章は、日常のビジネス活動における、さまざまな打ち合わせや商談の進行途中で必要な意思確認のためのビジネス文書である。契約書ほどの拘束力はないが、ビジネス取引に対する真摯な気持ちを文書という形で互いに確認するもので、口約束以上の重みを示すものだ。

　もちろん、どんなに用例を集めても、ビジネス全般を包括することは到底できない。本書は、あくまでもその参考またはヒントとして、用例の一部を提供するものである。実際のビジネス活動のなかでこうした用例を活用していただければ幸いである。

　以上の用例集を本体とした本編をソフト面とすれば、ハード面とも言うべき、中国の契約法の法的な効力、裁判制度、弁護士制度などの基礎知識を序章としてまとめた。この章は、共編者である弁護士張玉人が担当した。日本と中国を股にかけ、日中のビジネス現場で活躍して得た貴重な経験とアドバイスの寄与として活用、参考にしていただきたい。

　本書の制作と執筆は、莫邦富事務所の楼志娟、廣江祥子、呉梅が主に担当した。前回と同じく快く出版を引き受けてくださったジャパンタイムズ、そして前回以上に本書の出版に骨を折ってくださったジャパンタイムズの担当編集者・道又

敬敏氏にも衷心よりお礼を申し上げたい。
　本書は、日中ビジネスにまい進する日系企業の多くの方々に贈る、私たちからのささやかだが心からの応援歌である。これからもこうした私たちの基本姿勢を守り、日中ビジネスに必要な専門書を作っていきたい。本書に対する読者の皆さんの忌憚ないご指摘、ご意見、ご提案をぜひともお聞かせいただければと思う。

編者を代表して
莫　邦富
2006年5月連休

基礎知識と実例　中国語契約書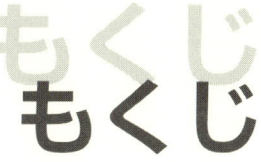

もくじ

衰えない日中ビジネスの応援歌でありたい——前書きに代えて　iii

序　章　中国語契約書の基礎知識　1
　　1　　中国の「契約法」　3
　　2　　中国の民事裁判制度　15
　　3　　中国の弁護士制度　17
　　4　　中国弁護士の報酬　19

第1章　商品販売に関する契約書　23
　　1-1　　販売契約書　24
　　1-2　　売買契約書　32
　　1-3　　販売代理合意書　38
　　1-4　　部品加工・組立契約書　44
　　1-5　　サービスセンター設立合意書　50
　　1-6　　貨物輸送契約書　56
　　1-7　　倉庫寄託契約書　64
　　1-8　　委託販売契約書　72
　　1-9　　商品検査委託合意書　76
　　1-10　　新聞・雑誌広告委託請負契約書　80

第2章　会社管理に関する契約書　87
　　2-1　　コピー機リース契約書　88
　　2-2　　自動車リース契約書　94
　　2-3　　不動産管理業務委託契約書　98
　　2-4　　建物賃貸借契約書　108
　　2-5　　警備業務請負契約書　116

vii

もくじ 基礎知識と実例 中国語契約書

- 2-6 金銭貸借契約書 124
- 2-7 機密保持合意書 130
- 2-8 コンサルティング契約書 136

第3章 意向書（レターオブインテント）・確認書・覚書 141

- 3-1 不正取引反対に関する合意書 142
- 3-2 商品買付意向書 146
- 3-3 土地使用意向書 150
- 3-4 施工業務委託意向書 154
- 3-5 販売確認書 158
- 3-6 会議覚書 162

索引 167

- 中日索引 168
- 日中索引 179

■ 装　丁　倉田明典
■ 編集協力　松本靜子

《序章》

中国語契約書の基礎知識

中国語契約書の基礎知識

> 　中国で商取引の契約を結ぶとはどういうことかと言えば、中国の商取引の法律に従って取引関係を結ぶということである。この当然の事実は、一般に取引が何の問題もなく順調に進んでいるときにはことさら意識に上ることもないかもしれない。だが、いざトラブルとなり、訴訟問題に発展すれば、法的な知識と無縁とは言っていられなくなる。
>
> 　事前に知っていれば避けられるかもしれないリスクもあるはずである。あるいは、不幸にもトラブルに至ってしまった場合には、最小限の損害ですませるためのスムーズな対応をめざしたい。

　この序章で概略を述べるのは以下の通りである。
1　中国の「契約法」
　　　　契約の方式
　　　　契約締結の日時と場所
　　　　契約書の基本条項
　　　　紛争の解決法
　　　　契約の履行について
　　　　契約の変更について
　　　　契約の譲渡について
　　　　契約の終了について
　　　　契約の解除について
2　中国の民事裁判制度
3　中国の弁護士制度
4　中国弁護士の報酬

1　中国の「契約法」

90年代の市場経済本格導入を受けて制定された中国の現「契約法」

　現在、中国での商業取引において、当事者の利益・権利と市場取引の保護に大きな役割を果たしているのは、中国全国人民代表委員会常務委員会が1999年3月15日に制定、同年10月に施行を開始した「中華人民共和国契約法」（以下「契約法」）である。

　この「契約法」以前には、80年代前後に制定された「経済契約法」、「渉外経済契約法」、「技術契約法」の3つの契約法があったが、90年代に入って市場経済導入が本格的となり、契約法をさらに整備する必要に迫られ、有識者を招いての数年を経て現「契約法」の制定をみたのである。

　「契約法」は、総則（総論）、分則（各論）と附則、計23章428条からなる。総則の内容は、一般規定、契約の締結、契約の効力、契約の履行、契約の変更と譲渡、契約の権利義務終止、違約責任である。

　総則には、以下の法的な問題が含まれる。
(1)　調整範囲、すなわち、契約の主体である民事能力を有する個人、法人およびその他の組織の間において調印する契約の履行、変更および中止など
(2)　契約の基本原則、すなわち、平等・自由意思の原則、公平・誠実信用の原則、法律拘束の原則
(3)　契約の締結と効力
(4)　契約の履行
(5)　違約責任問題
(6)　契約の監督問題

　分則では、15の契約類型について定めている。現「契約法」では、80年代に制定された3つの契約法で定められた、売買、エネルギー供給、借金、賃貸借、請負、工事建設、運送、技術、保管、倉庫保管など11の契約類型を、修正した上で引き続き採用、さらに、贈与、融資および賃貸、委託、仲介という4つの契約類型を加えている。

　中国では「保険法」、「担保法」、「労働法」、「著作権法」ですでに各分野の契約に関連する内容について定めているため、現「契約法」では上記の法に関連する契約作成については規定を設けていない。分則で規定していない契約類型で、実際に取引契約を締結する際には総則の規定に準ずるものとする。

契約の方式

契約を締結する際には、中国の「契約法」に定められた手続きに従わなければならないが、「契約法」第9条によれば、契約の締結は、〈申込〉と〈承諾〉の方式を採用しなければならない。

■当事者の資格

「契約法」第9条は、契約を締結する者は〈民事権利能力〉と〈民事行為能力〉を有しなければならないとしている。また、代理人に委託して契約を締結することもできると規定している。

⑴ 〈民事権利能力〉とは、自然人、法人およびその他の組織は民事権利義務を負う資格があり、自然人は出生後から、法人およびその他の組織は登記後から民事権利を有する。
⑵ 〈民事行為能力〉については、中国の「民法通則」で、18歳になった時点より完全行為能力を有すると規定している。完全行為能力をもつ者は、契約を含め、一切の民事活動を行うことができる。

> ☞ つまり、契約可能な当事者とは、18歳以上の個人および登記後の法人、ということになる。

■〈申込〉

〈申込〉とは、他人と契約を締結する意思表示である。申込人は、他人と契約を締結する意思を持って、契約締結の目的で他人に申し込む。その構成要件は次の通りである。

⑴ 特定の契約当事者の意思表示である
⑵ 契約の締結を目的とする
⑶ 申込人は〈承諾〉を受けるとその〈承諾〉に拘束される
⑷ 〈申込〉は、契約を締結したいと考える当事者に提出する
⑸ 〈申込〉の内容は具体的なものにする

> ☞ 「契約法」に定められた取り消しの条件に従って、申込人は〈申込〉を取り消すことができる。ただし、申込人が承諾期限を設けていたり、〈申込〉は取り消すことができないと表明している場合や、承諾人に取り消すことのできない理由があり、しかも契約履行のための準備に着手している場合には、〈申込〉を取り消すことができない。

■〈承諾〉

　〈承諾〉とは、承諾人が〈申込〉の内容に同意する意思を表明することである。その構成要件は次の通りである。
　(1)　承諾人は自らの〈申込〉を受ける意思を表明する。
　(2)　〈承諾〉内容は〈申込〉の内容と一致していなければならない。
　(3)　〈承諾〉は、一般的に書面で、合理的な期間内に申込人に届くようにしなければならない。

> ☞　承諾人が〈申込〉の内容を変更したり、条件を付けたりすれば、それは新たな〈申込〉となる。〈承諾〉を取り消す通知は、承諾通知が申込人に届く前か、または同時に届かなければならない。

契約締結の日時と締結地

　契約の締結日時と場所も、契約の重要な内容である。締結日時を決めると、契約当事者双方に対してその時点から法的な拘束効力が生じる。締結地が決まれば、特約を除いて、一般的にはその地の裁判所が管轄権をもつことになる。

■契約の締結日時
　(1)　〈申込〉を〈承諾〉した日時を契約の締結日時とする
　承諾方式によって、契約の効力発生日時は違ってくる。「契約法」第26条は契約の効力が生じる2つの承諾方式を定めている。〈申込〉の承諾人が「通知で〈承諾〉を返事する場合」は、その通知が申込人に届いた時点より効力が生ずる。また、承諾人が「取引慣習または実際の行動で〈承諾〉を示す要請がある場合」は、その行動を行う時点で効力が生じる。
　(2)　署名または押印の時間が、契約の締結日時である
　署名または押印の時間が異なる場合、最後の署名または押印をする時点で契約が締結したものとみなされる。当事者が、手紙または電子文書で、契約を締結する前に確認書に署名して締結する場合、その確認書に署名した時点で契約が締結したものとする。
　署名・押印は契約締結の象徴なので、双方が契約に合意しても、署名または押印をしなければ契約は締結されない。

■契約の締結地
　(1)　〈承諾〉の発効する場所を契約の締結地とする（「契約法」第34条）
　〈承諾〉が発効する場所とは、その〈承諾〉が申込人に届く場所、または承諾人が〈承諾〉行動を行う場所の両方の意味をもち、これは、上記の承

諾方式によって決まる。また、電子文書で契約を締結する場合、一般的には、申込人の住所を契約の締結地とする。
　(2)　署名または押印を行った場所を契約の締結地とする（「契約法」第35条）

　署名または押印を行った場所が異なる場合、最後の署名または押印を行った場所を契約の締結地とする。

契約書の基本条項

　中国の契約書は下記の基本条項に基づいて作成される。（「契約法」第12条の規定による）

■当事者の名前、名称、住所

　個人契約の場合、個人の身分証明書に記載される実名と戸籍登録に記載される住所、または長期生活している住所を、氏名と住所とする。法人の場合、会社登録機関に届けた名称と住所を、商号と住所とする。

■目的物

　〈目的物〉とは、当事者の権利義務の対象を指す。〈目的物〉は、実際の物、知的財産権、人の行為を含み、主に次の通りである。
(1)　取引価値のある有形物
(2)　知的財産権のような無形資産
(3)　労働行為
(4)　仕事の成果、例えば建設プロジェクトなど

■数量

　〈目的物〉の数量は、当事者の権利義務を決める１つの基準となる。有形物を契約の〈目的物〉として使用する場合、その物の数量は物の長さ、体積、重量で決めるが、国の計算基準または双方の認可する計算基準に準じて決める。

> ☞　上記に述べたように、〈目的物〉の数量は、契約当事者の権利義務を判断する基準の１つとなるので、どのように記載すれば紛争を防げるか、とくに注意すべきである。取引双方は、どんな計量単位で目的物の数を測るか、厳格に決めなければならない。中国で取引を行う場合、国で定めた計量単位を採用する。国際取引の場合は、事情を図りながら決めるが、メートル制、イギリスの計量制度、アメリカの計量制度という３つの異なる制度がしばしば採用される。例えば、「トン」での記載の場合、アメリカの制度では2000ポンド、イギリスの制度では2240ポン

ド、メートル制では2204.6ポンドにあたる。通常、中国では、〈目的物〉の⑴件数、⑵重量、⑶面積、⑷長さ、⑸容積、⑹体積、という6つの計量単位を採用する。

■品質
〈目的物〉の品質とは、目的物の内在する質と外観の質の両面を指す。中国では、各業界の発展を促すため、その業界の製品に国家基準または業界基準を定めている。契約の当事者は、国の法的な規定に違反しなければ、〈目的物〉の品質を取り決めることができる。品質の内容は主に、⑴仕様、⑵性能、⑶成分、⑷外観、などである。

☞　中国では〈目的物〉の品質について多くの基準を定めていて、契約当事者は、自由に品質基準を決めることができるが、その場合でも、商取引の慣習に従って明確に決めるべきである。通常は、次のような方法で目的物の品質を決める。
⑴　〈目的物〉のサンプルで品質を決める。
⑵　〈目的物〉の仕様やランクで品質を決める。
⑶　商標および〈目的物〉の種類で品質を決める。
⑷　〈目的物〉の説明書で品質を決める。
⑸　〈目的物〉の平均的に良好な品質で決める。

■値段または報酬
〈値段〉とは、目的物の価値を表す金銭単位と、利益を得る当事者が契約相手に支払う金銭を指す。〈報酬〉とは、労務契約の場合、雇用者が被雇用者に支払う報酬または給料をいう。また、付加費用についても契約の約款として明記しなければならない。

■履行の期限、場所、方式
中国の「契約法」では、契約履行の期限または期間という時間概念を採用する。契約当事者は、契約の履行期限について自由に取り決めることができる。契約に定めた期限は、契約当事者を拘束する。

■違約責任
違約責任とは、当事者が契約に定めた義務を契約に定めた通りに履行しない場合に負わなければならない民事責任を指す。

■紛争の解決

紛争の解決とは、契約をめぐって当事者のあいだで異議が生じた場合に採用すべき方法や場所で紛争を解決することを指す。方法としては、〈和解〉、〈調停〉、〈仲裁〉、〈訴訟〉がある。一般的に、契約書のなかで仲裁機関または管轄裁判所を指定する。

■付加協議書

契約を正式に調印しても、当事者に改めて協議することがあれば、その協議で合意した内容について付加協議書を作成することができる。調印した付加協議書は契約と同様の効力をもつ。

紛争の解決法

国際取引で、契約の当事者間において、契約の履行をめぐって紛争が生じる可能性がある。当事者は、ある意味協力関係にあるので、紛争の避けられない状況が生じた場合、まず双方は協議の上で解決する方法を取るべきである。協議で問題を解決することができない場合、契約の規定によって、以下の3つの方法で問題を解決する。

■調停

中国では、裁判所、仲裁機関、調停機関には調停委員が置かれており、紛争案件を裁判所や仲裁機関に提出する前に、まず調停を先に行う制度を採っている。案件を裁判所や仲裁機関に提出した場合でも、裁判官または仲裁委員は、争う双方に対して調停を勧める。契約当事者は案件を調停機関に提出し、調停の手続きに基づいて問題を解決することになる。

■仲裁

当事者の間に紛争が生じた際、当事者は、契約に定めた仲裁約款を解決の手段として採用する。中国には、〈中国国際経済貿易仲裁委員会〉と〈中国海事仲裁委員会〉という2つの仲裁機関がある。国際経済貿易仲裁委員会は、国際取引にかかわる案件を仲裁し、海事仲裁委員会は、海上運送にかかわる案件を仲裁する。渉外事件の仲裁は、一般的に〈国際仲裁委員会〉で行う。争う双方は、同一の仲裁機関に「仲裁を申し立てる」という合意に書面で達した後、仲裁委員を選定し、その仲裁機関に仲裁を申し立てることになる。

仲裁の裁決は最終裁決であり、双方に対して拘束力があり、仲裁は時間の節約とコストの削減というメリットがある。

■訴訟
　訴訟には、「確認の訴」、「給付の訴」、「変更の訴」がある。
　訴訟は、契約当事者の一方の行為であり、訴訟の申し立てが受理されると、当事者双方が出廷しなければならない。出廷を拒否した場合、裁判所は欠席判決を下す。民事事件の審理については、第一審、第二審、反訴、再審、上告などの手続きがある。終局判決を下した後、相手が判決を履行しなかった場合、当事者は、裁判所に所属する執行部に対して強制執行手続きを申し立て、公的な力で判決を履行させることができる。

契約の履行について

■契約履行の原則
　「契約法」第60条では、契約当事者は契約の発効後、契約に定められた義務を履行しなければならないと規定している。当事者は、契約を履行する際、ともに以下の基本原則を守らなければならない。
(1)　誠実信用原則
　契約当事者は、公正に双方の利益と信用を維持し、期待される利益の実現に努めなければならない。また、契約当事者は、当事者と第三者または公共の利益を適切に調整し、社会的信用の利益を維持しなければならない。
　この誠実信用の原則は、契約履行の基本原則であり、強制的な原則である。
(2)　現実履行原則
　現実履行の原則とは、法の規定または別途当事者に取り決めがある場合を除き、契約当事者には契約に定めた目的を履行する義務がある、というものである。
　契約当事者は、契約に定めた目的を履行せずに、その代わりとして違約金または賠償金の支払いという方法で本来の履行義務を放棄することはできない。
(3)　協力履行原則
　協力履行原則とは、契約当事者は、各自の義務を適切に履行するほか、契約の目的を実現するため、相手に対して義務の履行についての協力を要求することができる、というものである。

■当事者企業の合併または新会社設立
　市場経済の発展に伴い、中国では、企業合併や、解散後の新会社設立、といったことが常に行われている。合併または解散後の新会社においては、元の会社の債権債務の譲渡は契約ではなく、法律の規定に従って行わなければならない。「契約法」第90条によれば、合併の場合、契約に定めた義務は合併後の会社が継続して履行することになる。解散後の新会社の場合、

債権者と債務者のあいだで取り決めがある場合を除き、新会社は義務の履行に関して連帯責任を負わなければならない。

■同時履行抗弁権
　双務契約の当事者は、規定された期間内に相手が契約を履行しない場合、同時に同契約の履行を拒む権利をもつ。これを同時履行抗弁権という。同時履行抗弁権の行使は、次の条件を満たさなければならない。
⑴　同一の双務契約から発生した相互対価である2つの給付債務が存在すること
⑵　債務が弁済期に達していること
⑶　契約の相手が債務不履行あるいは債務を期限通りに必ず履行することを約束していないこと

> ☞　契約履行に関して注意すべき点
> ⑴〈品質〉を明確に決めていない場合：
> 　国家基準または業界基準に照らして履行する。前記の基準がない場合、通常の基準または契約の目的に適した基準に照らして履行する。
> ⑵〈値段や報酬〉を明確に決めていない場合：
> 　契約を締結した時の市場価格に照らして決定し履行する。国が定めた価格または政府の指導価格を執行する場合、契約に定めた弁済期限内に政府が価格調整した時は、払う時の価格で弁済する。期限を過ぎて払う場合、値上げの時は元の価格で支払い、値下げの時は新しい価格で支払う。
> ⑶〈場所〉を明確に決めていない場合：
> 　現金払いの時に現金を受け取る人の所在地を、不動産を明け渡しの時に不動産の所在地を決める。
> ⑷〈履行期限〉を明確に決めていない場合：
> 　債権者は、いつでも債務の返済を要求することができる。しかし、債務者に十分な準備期間を与えなければならない。
> ⑸〈履行方法〉を明確に決めていない場合：
> 　契約の目的に適した方法で履行する。
> ⑹〈契約の履行費用〉を明確に決めていない場合：
> 　履行義務のあるほうが負担する。

契約の変更について

　契約の発効後で、まだ履行していない、または完全には履行していない時、契約当事者の双方は、協議した上で、契約を修正・補足することがで

きる。これを〈契約変更〉という。変更後の契約では、元の契約に定めた当事者の権利義務関係も変わってくる。

■契約変更で生じる法的な効果
(1) 契約の変更は、当事者が元の契約に基づいて協議しなければならない。協議の結果、合意できない場合、元の契約は当事者双方に対して拘束力をもつ。
(2) 契約の変更は、元の契約を部分的に修正または補足し、元の契約条項すべてを変更しないこと。契約の変更は、元の契約に基づく新たな契約関係を立てるため、変更後の契約は元の契約の実質内容を包括しなければならない。
(3) 「契約法」第78条では、「変更後の契約内容がはっきり規定されていない場合、契約を変更していないとして推定する」と定めている。
(4) 契約変更に伴って、新たな権利義務関係が生じる。当事者は新たに生じた債権債務について義務を負わなければならない。

■契約変更の条件
(1) 契約当事者が不可抗力で部分的に契約義務を履行することができない場合、契約を変更することができる。だが、すべての義務を履行できない場合は契約を解除しなければならない。
(2) 契約締結の際の当事者の意思表示が真実ではなかった場合、契約を変更することができる。「契約法」第54条によれば、次の場合に契約の変更が許される。
①重大な誤解で締結された契約
②公平を欠く契約
③詐欺で締結された契約
④脅迫で締結された契約
⑤当事者の弱みに付け込んで締結された契約
(3) 「契約法」第77条では、契約当事者の自らの意思で契約変更について協議し合意すれば、契約を変更することができると規定している。

> ☞ 〈契約変更〉について注意すべき点
> 　法律の規定、行政部門の規定によれば、契約変更する場合、認可や登記の手続きを取るべき契約については、当事者が法律の規定および行政部門の規定に従って認可・登記の手続きを済ませなければならない。そのようにしなかった場合、当事者間で契約を変更しても、その契約には効力が生じない。

契約の譲渡について

〈契約の譲渡〉とは、契約当事者が自分の有する契約権利と義務をすべてまたは部分的に第三者へ譲渡することである。契約の譲渡には、「契約権利を譲渡」、「契約義務を譲渡」、「契約権利義務をともに譲渡」という3つのパターンがある。契約権利の譲渡の受取人は、契約権利を所有し、契約義務の譲渡の受取人は、契約の義務を負う。契約権利義務の譲渡の受取人は、契約の権利を所有し、義務を負う。

■契約譲渡がもたらす法的効果

契約が譲渡された後も、契約に定めた権利義務は変わらない。

> ☞ 契約の権利義務をともに譲渡する場合は、契約の主体が変わるのであるから、そのことを相手の契約当事者に知らせなければならない。一方の当事者が契約義務を譲渡する場合には、他方の契約当事者の同意を得たものでなければならない。

■契約譲渡にあたっての必要事項

(1) 法的効力を有する契約が存在すること
(2) 契約の譲渡は、法律に定めた手続きに従って行わなければならないこと

> ☞ 「契約法」第87条では、契約の譲渡が行政部門の認可・登記手続きを行う必要がある場合、その手続きを済ませなければならないと規定している。

(3) 契約の譲渡は、譲渡人と受取人の間で、協議に基づいて行わなければならないこと
(4) 契約の譲渡は、国および公共の利益に反したものであってはならないこと

■契約譲渡できないケースもある

(1) 契約の特性によって譲渡を禁ずる場合
(2) 契約当事者の間で譲渡を禁ずる約定がある場合
(3) 法律の規定で譲渡できない事情がある場合

契約の終了について

〈契約の終了〉とは、契約の債権債務がすべて消滅することをいう。契約

終了の条件は次の通りである。
(1) 債務が契約の約定によって返済された場合
(2) 契約が解除された場合
(3) 債務相殺の場合
　「契約法」第99条の第1項によれば、債務の期限がきた場合、その債務の〈目的物〉の種類と品質が同じである時、一方の当事者は自分の債務を他方の当事者の債務と相殺することができる。相殺の要件は次の4つである。①当事者は互いに債権債務を有すること、②双方の債務の目的物が同じ種類であること、③債務が弁済期に達していること、④債務の特性または法律に定められた規定により相殺できる債務であること。
(4) 債務者が〈目的物〉を供託した場合
　供託の要件は次の通りである。①供託人は行為能力を有し、かつ意思の表示が真実であること、②供託された〈目的物〉が合法であること、③供託の原因と供託の〈目的物〉が実在すること、④供託される〈目的物〉が債の〈目的物〉と一致すること。
(5) 債権者が債務を免除した場合
　〈免除〉とは、債権者が債務者の債務を部分的またはすべて免除することをいう。その免除の特性は次の通りである。①免除は債権者の単独な行為である。②免除の原因は免除の効力に影響しない。③免除は無償の行為である。債権者は、免除の意思を表明したら取り下げることができない。免除の意思は、債務者または債務者の代理人に表明しないかぎり、法的な効力はない。
(6) 債権者、債務者が同じ人の場合
　これには3つのパターンがある。①契約に定めた所有権の権利義務が同一人に帰する場合、②契約の包括的な所有権と他の物権が同一人に帰する場合、③主債務と保証債務が同一人に帰する場合。
(7) 法律に定めた事情または当事者双方が取り決めた事情によって相殺することができる。

契約の解除について

　契約発効した後、契約の債権債務関係が消滅した事実に基づいて、契約当事者が契約を解除する意思を表明した場合、契約を解除することができる。

■ 契約解除の法的特性

　契約の解除は、「契約法」に定める法的な制度であり、以下のような法的特性がある。
(1) 契約解除は有効に成立した契約にあてはまるものである。

(2) 契約の解除制度の乱用を防ぐため、契約は法律に定めた条件を満たす場合、解除することができる。「契約法」第94条では5つの解除条件を定めている。
  ① 〈不可抗力〉で契約目的に達することができない場合。
  ② 〈履行期限〉が満期になる前に、当事者が主債務を履行しない意思を表明した場合。
  ③ 債務者が債務の履行を遅らせ、債権者の催告を受けても合理的な期間内に再び履行しない時、債権者は契約を解除することができる。
  ④ 一方の当事者に債務履行の遅延、またはその他の債務不履行の行為があって、契約の目的が実現できない場合。
  ⑤ 法律に定めた他の事情の場合。
(3) 解除権をもつ側は契約を解除することができる。また、契約当事者双方の解除意思があれば、契約を解除することができる。
(4) 契約が解除された後も遡及効力が生じる。
(5) 契約解除には、契約の債権債務を消滅させる効力が生じる。
 〈契約解除〉の効力は、契約で生じた債権債務関係が消滅したことに基づいて生じるものである。

■契約解除の条件
(1) 当事者の取り決めであること
(2) 法律規定の条件によること

> ☞ 〈契約解除〉に対して異議がある当事者は、裁判所に契約の効力について「確認の訴」を起こすことができる。契約解除権の期限が満期になる時、または催告を受けて合理な期限内に解除権を行使しない場合は、解除権は消滅する。

2　中国の民事裁判制度

　中国の裁判所（人民法院）は、簡易裁判所、区または県の裁判所、市の中級裁判所、省の高級裁判所、国の最高裁判所からなる。なかでも、簡易裁判所、区または県の裁判所は、「基層裁判所」とよばれる。
　裁判所内部の裁判組織は、主に民事法廷、刑事法廷、知的財産権法廷、家事審理法廷などである。裁判法廷には法廷長が置かれ、裁判所には所長（院長）が置かれる。
　中国「民事訴訟法」第10条では、「民事の審理」は〈合議〉、〈回避〉、〈公開裁判〉、〈二審終審〉を実行する制度と規定している。

■合議制度
　〈合議制度〉とは、3名以上の裁判官からなる裁判グループを組み合わせ、裁判所を代表して、案件の審理と判決を下す制度である。合議グループの責任者である裁判長は、裁判所所長か法廷長によって指名される。所長あるいは法廷長が案件の審理に参加する場合は、自ら裁判長となる。この裁判グループは、裁判所の裁判委員会の指導と監督を受け、裁判委員会の決議を執行する。
　中国では〈陪審員制度〉を採っている。陪審員は市民のなかから有識者が選ばれ、合議審理に参加することができる。決議は多数決で決められる。

■回避制度
　〈回避制度〉とは、「案件に関係のある裁判官、書記官、通訳、検査員、陪審員は、法律によって案件の審理に参加できない」とするものである。
　訴訟の代理人および法定代理人は、その案件と関係があって公正な処理に支障があると思われる裁判官、書記官、通訳、検査員、陪審員に対して、回避を申請することができる（「申請回避」という）。また、そうした人員が、自らが案件に関係があると自覚した場合は、回避すべきである（「自覚回避」という）。

■公開裁判制度
　〈公開裁判制度〉とは、法律の規定で禁じられる案件の審理を除いて、すべて公開で案件を審理するというものである。法廷での審理の前に当事者氏名・事由・審理時間・場所を公示し、判決を公開して宣告する。公衆の傍聴とメディアでの報道が許される。

■二審終審制度

　民事事件は、下級裁判所で第一審を行った後に控訴された場合、上級裁判所で第二審を行い、第二審の判決を最終判決とする。これを〈二審制度〉という。

　基層裁判所は、第一審の案件を審理する。市の中級裁判所は、渉外事件、管轄区での重大事件、最高裁判所の指定する事件を第一審民事事件として審理する。省の高級裁判所は、全省の範囲における重大な民事事件を第一審民事事件として審理する。最高裁判所は、全国における重大事件を審理する。

■控訴期間

　当事者が第一審判決を不服とした場合、判決書送達の日から15日以内に控訴する権利をもつ。また、裁判所の第一審裁定を不服とした場合は、裁定書送達の日から10日以内に控訴する権利をもつ。

3　中国の弁護士制度

　1980年8月26日、中国全国人民代表大会は「弁護士暫行条例」を公布し、新中国の弁護士制度が本格的に整備されはじめた。90年代に入って、市場経済システムを導入したことに伴って、弁護士事業も発展し、弁護士の数は現在では10万人あまりに達している。全人代常務委員会が1996年5月15日に公布した「弁護士法」によって、弁護士の資格取得および登録、業務内容、弁護士の権利義務、弁護士事務所、弁護士協会、弁護士行為制限などが規定されている。

■弁護士資格の取得および登録
　「弁護士法」は、司法試験を経て資格取得する方法と、司法部が申請者の審査をした上で弁護士資格を授与する方法、という2つの資格取得方法を定めている。
　弁護士は、資格取得後、弁護士事務所で1年の実習を経て、弁護士協会で登録し、弁護士として活動することができる。弁護士協会は、登録した弁護士に「弁護士執務証書」を発行する。

■弁護士の業務内容
　弁護士の業務内容は、下記の通りである。
(1)　個人や法人の委任を受けて、法律顧問として勤める。
(2)　刑事、民事、行政案件の当事者の委任を受けて、代理人として、訴訟、控訴、上訴活動に参加することができる。
(3)　当事者の委任を受けて、調停、仲裁活動に参加する。
(4)　訴訟以外の法律事務の当事者の委任を受けて、法律業務を提供する。
(5)　法律にかかわるその他の業務を提供する。

■弁護士事務所
　中国には、国が出資して設立する弁護士事務所、弁護士が合作で出資して設立する「合作弁護士事務所」、弁護士が共同出資して設立する「パートナー弁護士事務所」という3つの弁護士事務所形態がある。現在、中国では「パートナー弁護士事務所」が多数を占めている。

■企業弁護士
　WTO加盟後、中国では〈企業弁護士制度〉が設けられた。企業弁護士は、会社業務に関する法律文書や契約などに対して最終審査をし、決定権をもち、会社の経営管理にも参加することができる。

■弁護士協会

　「中華全国弁護士協会」は社団法人であり、中国全土の弁護士を管理する機関で事務所は北京にあり、各省、自治区、直轄市、市および県には、「地方弁護士協会」がある。いずれの弁護士協会は司法部および地方司法局の指導と監督を受ける。

4　中国弁護士の報酬

　弁護士の報酬を定め、弁護士の権益を維持するため、中国改革発展委員会と司法部では、「弁護士サービス報酬の管理規則」を規定し、弁護士報酬の基準を〈出来高〉による計算、〈目的物の価格〉による計算、〈タイムチャージ〉という3つの方法で定めている。各省、自治区、直轄市の弁護士協会では、この規則に従って、その地域の生活レベルに基づいて弁護士報酬の基準を制定する。

　改革開放が進んでいる沿海地域と内陸とでは、弁護士報酬の基準がかなり違っており、現在、全国統一の弁護士報酬基準は制定されていない。以下に紹介する弁護士報酬基準は、上海にある法律事務所が、上海市で定めた報酬基準を参照しながら作成したものである。

(単位:人民元)

時間制度	主任弁護士	1時間3000元
	パートナー弁護士	1時間2800元
	弁護士	1時間2600元
	弁護士アシスタント	1時間800元
長期法律顧問料	登録資本100万元以下 年間売上げ800万元以下	年24000元～36000元
	登録資本100万～500万元 年間売上げ800万～3000万元	年36000元～60000元
	登録資本500万元以上 年間売上げ3000万元以上	年60000元～96000元
	グループ会社	年96000元以上
専門法律事務顧問料	投資専門顧問	5万元から
	銀行融資顧問	5万元から
	M&A担当顧問	5万元から
	長期財務顧問	10万元から
	会社運営管理顧問	10万元から
	その他会社事務に関わる顧問	協議の上で定める
単項目顧問		協議の上で定める
個人法律顧問		年3600元～7200元
企業計画書		10万元から
投資アドバイス書面作成		5万元から

出張調査	5万元から
法律リスク評価	5万元から
取引の委託	1000万以下2%，1000万～1億部分1%，1億を超える部分0.5%。
融資の委託	1000万以下3%，1000万～1億部分2%，1億を超える部分1%。
研究報告	10万元から
会社設立	1ケース25000元（3000ドル）
企業清算	1ケース5万元から
破産清算	1ケース10万元から
M&A及び株式譲渡	1ケース1万元から
法律意見書	1ケース5000元～10万元
弁護士が提出した内容証明	1ケース500元～5000元
弁護士が提出する証拠証書	1ケース1000元～5万元
契約、定款の審査や修正	1ケース500元～5000元
契約、定款の作成	1ケース1000元～1万元
法律文書の作成代理	1ケース500～3000元
目的物の価値の比率	5%前後（協議可能）
リスク代理、結果による	協議（15%～50%）

(中国上海会社法ネットから)

《第1章》

商品販売に関する契約書

第 1 章　商品販売に関する契約書

1-1 販売契約書

售货合同

合同编号：＿＿＿＿＿＿
地　　点：＿＿＿＿＿＿
日　　期：＿＿年＿月＿日

买方：＿＿＿＿＿＿＿＿＿＿＿
地址：＿＿＿＿＿＿＿＿＿＿＿　　　　电话：＿＿＿＿＿＿＿＿＿＿＿＿＿＿＿

卖方：＿＿＿＿＿＿＿＿＿＿＿
地址：＿＿＿＿＿＿＿＿＿＿＿　　　　电话：＿＿＿＿＿＿＿＿＿＿＿＿＿＿＿

　　双方经过友好协商，同意按下列条款签订本合同。

第一条　由卖方售出下列商品
　　　商品名称：＿＿＿＿＿＿＿＿＿＿
　　　规　　格：＿＿＿＿＿＿＿＿＿＿
　　　质　　量：＿＿＿＿＿＿＿＿＿＿
　　　单　　位：＿＿＿＿＿＿＿＿＿＿
　　　数　　量：＿＿＿＿＿＿＿＿＿＿
　　　单　　价：＿＿＿＿＿＿＿＿＿＿
　　　合同总金额：＿＿＿＿＿＿＿＿＿

第二条　原产国别和生产厂家
　　　＿＿＿＿＿＿＿＿＿＿＿＿＿＿＿＿＿

第三条　包装
　　卖方负责货物的包装。货物的包装须适于长途陆运／海运／空运／邮寄及适应气候的变化，并具备良好的防潮抗震能力。由于包装不良而引起货物损伤或由于防护措施不善而引起货物锈蚀时，卖方应赔偿由此而造成的全部损失费用。包装箱内应附有完整的维护保养、操作使用说明书。

販売契約書

契約番号：＿＿＿＿＿＿＿
場　　所：＿＿＿＿＿＿＿
日　　付：＿＿年＿月＿日

売主：＿＿＿＿＿＿＿＿＿＿＿
住所：＿＿＿＿＿＿＿＿＿＿＿　　電話：＿＿＿＿＿＿＿＿＿＿＿

買主：＿＿＿＿＿＿＿＿＿＿＿
住所：＿＿＿＿＿＿＿＿＿＿＿　　電話：＿＿＿＿＿＿＿＿＿＿＿

　売主・買主双方は協議を経て、以下の条項に同意し、本契約書を締結する。

第一条　売主は以下の商品を販売する。
　　商品名称：＿＿＿＿＿＿＿＿＿＿＿
　　規　　格：＿＿＿＿＿＿＿＿＿＿＿
　　品　　質：＿＿＿＿＿＿＿＿＿＿＿
　　単　　位：＿＿＿＿＿＿＿＿＿＿＿
　　数　　量：＿＿＿＿＿＿＿＿＿＿＿
　　単　　価：＿＿＿＿＿＿＿＿＿＿＿
　　契約総額：＿＿＿＿＿＿＿＿＿＿＿

第二条　原産国と生産メーカーは以下の通りとする。
＿＿＿＿＿＿＿＿＿＿＿＿＿＿＿＿＿＿＿

第三条　梱包
　売主が貨物の梱包を行う。貨物の梱包は、長距離での陸運・海運・空輸・郵送および気候の変化に適し、同時に防湿・耐震能力を備えていなければならない。梱包の不具合が原因で生じた貨物の損傷、あるいは防護措置が不十分だったことが原因でもたらされた貨物の腐食によるすべての損失費

第1章　商品販売に関する契約書

第四条　装运唛头
　　卖方须在每个货箱上用不褪色油漆标明箱号、毛重、净重、长、宽、高，并书以"防潮"、"小心轻放"、"此面向上"等字样。

第五条　装运日期　_____

第六条　装运港口　_____

第七条　卸货港口　_____

第八条　保险
　　在C&F条件下，装运后由买方投保。

第九条　付款
1．信用证付款。买方在收到备货电传通知后或装运期前30天，由_____银行开出以卖方为受益人的不可撤销信用证。其金额为合同总额的____%，计____。在_____银行收到卖方的装运单据（见合同第十条）经核对无误后，承付信用证款项。信用证于装运日起15天内有效。
2．托收。货物装运后10天内，卖方出具即期汇票，连同装运单据（见合同第十条），通过卖方所在地银行和买方_____银行一起提交给买方。
3．直接付款。买方收到卖方装运单据（见合同第十条）后7天内，以电汇或航邮向卖方支付货款。

第十条　装运单据
1．全套可议付已装船清洁海运提单，外加两套副本，注明"运费待收（或运费已付）"，空白抬头，空白背书，已通知到货口岸的收货人等；
2．商业发票一式五份。注明合同编号、信用证号及唛头；
3．由商品检验局出具的质量保证书一式两份；
4．由商品检验局出具的重量保证书一式两份；
5．货物装箱单一式四份；
6．其他买卖双方签署的必要文件。

第十一条　装运条件
1．卖方于合同规定的装运前40天，通知买方预定的船名及运输航线，以供买方确认。在装运20天前，卖方用信件将合同编号、品名、数量、价值、箱号、毛重、装箱尺码通知买方。
2．船抵达装运港后，如果卖方未能备货待装，一切空仓费和滞期费由卖方承担。

用を売主が弁償しなければならない。コンテナ内にはメンテナンス・使用説明書をワンセットで入れておく。

第四条　荷印
　売主はすべてのコンテナにそれぞれ退色しないペンキで、コンテナ番号・総重量・長さ・幅・高さを明記し、「湿気注意」「取扱注意」「天地無用」などの文字を書いておかなければならない。

第五条　船積日は次の通りとする。＿＿＿＿＿＿＿＿＿＿＿＿＿＿

第六条　船積港は次の通りとする。＿＿＿＿＿＿＿＿＿＿＿＿＿＿

第七条　陸揚港は次の通りとする。＿＿＿＿＿＿＿＿＿＿＿＿＿＿

第八条　保険
　C&Fの条件で、船積み後に買主が保険をかける。

第九条　決済
1．信用状決済。買主がファックスで貨物準備済みの知らせを受けた後、船積日の30日前までに＿＿＿＿＿＿銀行で売主を受益者とした取消不能信用状を開設する。その金額は契約総額の＿＿＿％、計＿＿＿とする。＿＿＿＿＿＿銀行は、売主の船積書類（契約書第十条を参照）を受領・チェック後、信用状に記載された金額を支払う。信用状は船積日より15日間有効とする。
2．取立為替。船積み後の10日以内に、売主は出荷日付の請求書、船積書類（契約書第十条を参照）と一緒に、売主の所在地銀行と買主の＿＿＿＿＿＿＿銀行を通じて買主に送付する。
3．代金の支払い。買主は、売主の船積書類（契約書第十条を参照）を受領後7日以内に、電信か郵便で商品代金を支払う。

第十条　船積書類
1．無故障船荷証券（Clean B/L）1部、副本2部。運賃後払い（或は運賃前払い）、宛名余白、裏書余白、荷受人に通知済、などと明記する。
2．インボイス一式5部、契約番号、信用状番号、荷印を明記する。
3．商品検査局が発行する品質保証書一式2部。
4．商品検査局が発行する重量保証書一式2部。
5．船積書類一式4部。
6．その他双方がサインした書類。

3．在目的港，由买方负担卸货和陆地运输费用。

第十二条　装运通知
1．买方在装运后10天内，须用航空信邮寄三套装运单据（见第十条），其中一套给买方，两套给＿＿＿＿运输公司。
2．卖方在货物全部装毕后48小时内，须通知买方合同编号、品名、数量、毛重、发票金额、船名和启运日期。如果由于卖方未及时电告买方，以致货物未及时保险而发生的一切损失由卖方承担。

第十三条　质量保证
　　卖方保证货物系用上等的材料和一流工艺制成、崭新、未经使用，并在质量和规格上与本合同规定的质量、规格和性能相一致。卖方对合同货物的正常使用给予12个月的保证期。此保证期从货物到达1星期起开始计算。

第十四条　索赔
　　买方在货物到达目的港次日起集装箱货物15天内（其他货物7日以内），如果发现货物质量、规格、数量与合同规定不符时，除由保险公司或船方承担的部分外，可凭＿＿＿＿出具的商检证书，向卖方提出更换或索赔。由此发生的所有费用全部由卖方承担。根据合同第十三条规定,在质量保证期内，由于材料质量低劣和工艺不佳而出现的货物损伤，买方需立即以书面形式通知卖方，并出具＿＿＿＿商检局开列的检验证书，提出索赔。卖方按照货物的低劣程度全部或部分更换货物或将货物贬值。

第十五条　不可抗力
　　签约双方中任何一方受不可抗力所阻无法履约时,履约期限应相应延长。受阻方应在不可抗力事件发生后14天内将有关当局出具的事故证明书挂号航空邮寄给另一方认可。如果不可抗力事故持续超过120天，另一方有权用挂号航空书面通知受阻方终止合同，通知立即生效。

第十六条　合同延期和罚款
　　除本合同十五条所述不可抗力原因，卖方若不能按合同规定如期交货，按照卖方确认的罚款支付，但罚款不得超过迟交货物总额的5％。卖方若逾期10个星期仍不能交货，买方有权撤销合同。尽管合同已撤销，但卖方仍应如期支付上述罚款。

第十七条　仲裁
　　双方在执行本合同中发生的一切争执，应通过友好协商解决，如果协商不能解决，则可提交给卸货港的仲裁委员会进行仲裁。仲裁将在＿＿＿＿进

販売契約書

第十一条　船積条件
1．売主は契約書に定められた船積日の40日前までに、ブッキングした船便と航路を確認のために買主に通知する。船積みの20日前までに、売主は、契約番号、商品名、数量、総額、コンテナ番号、総重量、コンテナサイズなどを書面で買主に知らせる。
2．船が船積港に到着した後に、売主側で船積み準備ができていない場合、空積費用と滞船料はすべて売主が負担する。
3．目的港において、買主は、荷揚げや陸路の運送費用を負担する。

第十二条　船積通知
1．買主は、船積後の10日以内に、航空便で３部の船積書類（第十条を参照）を郵送しなければならない。１部は買主に届け、他の２部は＿＿＿＿＿＿＿運送会社に届ける。
2．売主は商品の積み込みが完了して48時間以内に、契約番号、商品名、数量、総重量、インボイス金額、便名、出発日を買主に知らせなければならない。買主に通知しなかった場合、買主が積荷に保険をかけなかったことで生じるすべての損失を、売主が負担する。

第十三条　品質保証
　売主は、商品が上等の材料と一流の技術で作られた未使用の新品であり、その品質と規格が契約に定められた品質・規格・性能と一致することを保証する。売主は商品の正常な使用に対して12か月の保証期間を設ける。この保証期間は商品到着の１週間後から起算する。

第十四条　クレーム
　買主は、商品が目的港に到着した翌日から15日以内（他の貨物は７日以内）に、その品質・規格・数量が契約の規定と異なることがわかった場合、保険会社あるいは船舶会社の負担部分を除き、＿＿＿＿＿＿＿＿発行の商品検査証明書に基づいて売主に貨物の取替えを求めるか、クレームを提出することができる。これによって発生する費用はすべて売主が負担する。本契約書第十三条の規定に基づき、品質保証期間中に材料の品質劣化や技術欠陥によって商品に損傷があった場合、買主はただちに書面にて売主に通知し、＿＿＿＿＿＿商品検査局発行の検査証明書をつけてクレームを提出することができる。売主は、商品の劣化の程度によってすべて取替え・部分取替えとするか、あるいは値下げを行う。

第十五条　不可抗力
　双方のうちいずれか一方が不可抗力によって契約の履行が不可能になっ

第1章 商品販売に関する契約書

行，仲裁裁决是终局，对双方都有约束力。仲裁费用由败诉方承担。

第十八条　附加条款

本合同由双方签署后生效，正本一式两份，双方各执一份。

卖　　　方：＿＿＿＿＿＿＿＿＿　　买　　　方：＿＿＿＿＿＿＿＿＿
法定代表人：＿＿＿＿＿＿＿＿＿　　法定代表人：＿＿＿＿＿＿＿＿＿

〈単語〉

协商（xiéshāng）協議する、話し合う／**条款**（tiáokuǎn）条項／**原产国别**（yuánchǎnguóbié）原産国／**生产厂家**（shēngchǎn chǎngjiā）メーカー／**海运**（hǎiyùn）海運／**空运**（kōngyùn）空輸／**邮寄**（yóujì）郵送／**防潮**（fángcháo）防湿、湿気を防ぐ／**抗震**（kàngzhèn）耐震／**损伤**（sǔnshāng）損傷する／**防护**（fánghù）守る、防護する／**锈蚀**（xiùshí）腐食する、さびる／**赔偿**（péicháng）賠償する、弁償する／**维护保养**（wéihù bǎoyǎng）メンテナンス／**操作使用说明书**（cāozuò shǐyòng shuōmíngshū）操作・使用説明書／**装运唛头**（zhuāngyùn màitóu）荷印、シッピングマーク／**油漆**（yóuqī）ペンキ／**箱号**（xiānghào）コンテナ番号／**毛重**（máozhòng）総重量、グロス／**净重**（jìngzhòng）純量、ネット／**长**（cháng）長さ／**宽**（kuān）幅／**高**（gāo）高さ／**小心轻放**（xiǎoxīn qīngfàng）取扱注意／**此面向上**（cǐmiàn xiàngshàng）天地無用／**装运日期**（zhuāngyùn rìqī）船積日／**装运港口**（zhuāngyùn gǎngkǒu）船積港／**卸货港口**（xièhuò gǎngkǒu）陸揚港／**投保**（tóubǎo）保険に加入する／**信用证**（xìnyòngzhèng）信用状、L/C／**受益人**（shòuyìrén）受益者／**装运单据**（zhuāngyùn dānjù）船積書類／**承付**（chéngfù）支払う／**托收**（tuōshōu）取立為替／**即期汇票**（jìqī huìpiào）一覧払い為替手形／**电汇**（diànhuì）電信送金為替、T/T／**航邮**（hángyóu）航空便／**货款**（huòkuǎn）商品代金／**清洁海运提单**（qīngjié hǎiyùn tídān）無故障船荷証券、クリーンB/L／**商品检验局**（shāngpǐn jiǎnyànjú）商品検査局／**质量保证书**（zhìliàng bǎozhèngshū）品質保証書／**重量保证书**（zhòngliàng bǎozhèngshū）重量保証書／**装箱尺码**（zhuāngxiāng chǐmǎ）コンテナサイズ／**抵达**（dǐdá）到着する／**装运港**（zhuāngyùngǎng）船積港／**备货待装**（bèihuò dàizhuāng）船積み準備／**空仓费**（kōngcāngfèi）不積み運賃、空積み運賃／**滞期费**（zhìqīfèi）滞船料、デマ／**船名**（chuánmíng）船の便名、船の名前／**启运**（qǐyùn）運送を始める／**电告**（diàngào）電報やファックス、メールで知らせる／**工艺**（gōngyì）原材料または半製品を加工して製品化する仕事・方法・技術などをいう／**崭新**（zhǎnxīn）斬新である、新しい／**保证期**（bǎozhèngqī）保証期間／**索赔**（suǒpéi）求償、クレーム／**商检证书**（shāngjiǎn zhèngshū）商品検査証明書（輸出入に関する鑑定証書やその他証明書の総称）／**更换**（gēnghuàn）取り替える／**质量低劣**（zhìliàng dīliè）品質が悪い／**工艺不佳**（gōngyì bùjiā）技術欠陥／**检验证书**（jiǎnyàn zhèngshū）検査証明書／**贬值**（biǎnzhí）通貨切り下げ、貨幣価値の下落、価値が下がる、価値を下げる／**履约**（lǚyuē）契約を履行する、約束通りに行う／**延长**（yáncháng）延長する、延ばす／**挂号**（guàhào）書留／**罚款**（fákuǎn）罰金を取る、罰金／**逾期**（yúqī）期限を過ぎる／**撤销**（chèxiāo）取り消す、撤回する／**约束力**（yuēshùlì）拘束力／**败诉**（bàisù）敗訴する

た場合、履行期限を相応に延長する。不可抗力で履行できない側は、不可抗力が発生した日より14日以内に、関連当局発行の事故証明を書留郵便で相手側に郵送する。不可抗力の事由が120日以上続いた場合、相手側は書留航空便で履行できない側に契約解除を通知する権利を有する。通知はただちに発効する。

第十六条　契約延期と違約金
　本契約書の十五条に述べた不可抗力による原因を除き、売主が契約に定められた期日に納品できない場合には、売主は確認した違約金の額に基づいて違約金を支払う。ただし、違約金の額は納期遅延の商品総額の5％を超えないものとする。期日より10週を過ぎても売主が納品できない場合、買主は契約を解除する権利を有する。契約解除になっても、売主は上記の違約金を期日通り支払わなければならない。

第十七条　仲裁
　本契約の履行にあたって発生した争議は、双方の話し合いによって友好的に解決する。話し合いで解決しない場合、荷揚げ地の仲裁委員会に仲裁を委ねることができる。仲裁は＿＿＿＿＿にて行われる。仲裁の裁決は最終決定であり、双方に対して拘束力をもつものとする。仲裁にかかる費用は敗訴した側が負担する。

第十八条　付帯事項
　＿＿＿＿＿＿＿＿＿＿＿＿＿＿＿＿＿＿＿＿

　本契約書は双方の署名捺印後に発効する。正本は2部作成し、双方が1部ずつを所持すること。

売　主：＿＿＿＿＿＿＿＿＿＿　　　買　主：＿＿＿＿＿＿＿＿＿＿
代表者：＿＿＿＿＿＿＿＿＿＿　　　代表者：＿＿＿＿＿＿＿＿＿＿

解説　　　　　　　　　　　　　　　　　販売契約書

　中国では、国際貨物取引を行う際、通常は国連貨物取引契約に関する条約に照らして国際貨物売買契約書を作成する。契約においては、①貨物の名称、品質、数量、梱包および価格条項を〈基本条項〉、②積荷条項、保険条項、支払い条項を〈重要条項〉、③貨物の検査、契約違反責任、損害賠償、仲裁などの条項を〈争議解決条項〉とする。また、国際貨物取引においては、通常はCIF（またはC&F）、あるいはFOB方式を取引条件として契約書を制定する。本書サンプルは、CIF（またはC&F）売買条件で作成したものである。

1-2 売買契約書

买卖合同

合同编号：_____
地　　点：_____
日　　期：___年__月__日

买方：_____
地址：_____　　　　电话：_____

卖方：_____
地址：_____　　　　电话：_____

　　双方经协商，就下列商品的交易达成一致意见，并签订本合同。根据本合同的条款，买方同意购入，卖方同意出售下述商品。

第一条　商品
　　品　名：_____
　　规　格：_____
　　单　位：_____
　　数　量：_____
　　单　价：_____
　　总金额：_____

第二条　质量标准
　　卖方应对商品的质量负责。该商品的质量检查标准应按国家制定的标准进行。卖方在发货前对货物的质量、规格和数量、重量作全面的检验，并出具《产品合格证》，说明产品的技术数据和检验结论。

第三条　包装
　　卖方要以符合该商品的包装要求进行包装，以保障商品符合正常的运输和仓储要求。

売買契約書

契約番号：＿＿＿＿＿＿＿
場　　所：＿＿＿＿＿＿＿
日　　付：＿＿年＿月＿日

売主：＿＿＿＿＿＿＿＿＿＿
住所：＿＿＿＿＿＿＿＿＿＿　　　　電話：＿＿＿＿＿＿＿＿＿＿＿

買主：＿＿＿＿＿＿＿＿＿＿
住所：＿＿＿＿＿＿＿＿＿＿　　　　電話：＿＿＿＿＿＿＿＿＿＿＿

　双方は、協議により下記商品の取引に合意し、本契約を調印する。本契約書の条項に基づき、下記商品について、買主が購入し、売主が販売することに同意する。

第一条　商品
　　商品名：＿＿＿＿＿＿＿＿＿＿＿＿＿
　　仕　様：＿＿＿＿＿＿＿＿＿＿＿＿＿
　　単　位：＿＿＿＿＿＿＿＿＿＿＿＿＿
　　数　量：＿＿＿＿＿＿＿＿＿＿＿＿＿
　　単　価：＿＿＿＿＿＿＿＿＿＿＿＿＿
　　合計金額：＿＿＿＿＿＿＿＿＿＿＿＿

第二条　品質基準
　売主は、商品の品質に責任を負う。当該商品の品質検査基準は、国の定めた規準に基づいて行う。売主は出荷する前に貨物の品質・仕様・数量・重量に対して全面的に検査し、「製品合格証」を発行し、製品の技術データと検査結果の説明を行うこと。

第三条　梱包
　売主は、当該商品を正常に輸送および保管できるよう、当該商品の梱包

第1章　商品販売に関する契約書

第四条　装卸费用和运输费用
　　卖方承担货物的装卸费用、货物的运输及运输费用。

第五条　交货地点
　　卖方将货物送至买方所指定的地点卸货。

第六条　交货时间
　　根据商品的性质和买方的需求，卖方应在本合同生效后＿＿＿＿日内，将货物交付买方。

第七条　装卸货和保险费
　　卖方负责装卸费和交货前的保险费。

第八条　违约责任
１．卖方不能交货时，应按该货物总值的＿＿＿％，向买方支付违约金。
２．卖方逾期交货时，按逾期交货部分的总值计算，每天偿付＿＿＿％的违约金。

第九条　验收标准
　　在签订本合同时，卖方需向买方提供《产品验收手册》。货到后，买方根据《产品验收手册》验货。如产品与验收标准不符时，买方应在货到后10个工作日内以书面的方式通知卖方。

第十条　结算
　　以人民币结算。货到后，卖方应向买方开具加盖财务专用章的付款通知单。买方在收到付款通知单后＿＿＿日内办理付款手续。逾期未支付货款的，除足额缴纳货款外，买方还应支付滞期费＿＿＿＿＿＿元。如买方拒绝支付货款时，卖方除可以要求买方退回全部商品外，还可向买方要求赔偿损失。

第十一条　对第三者的责任
　　卖方负责赔偿由于卖方的产品质量而造成的人身伤亡、财产损失的所有费用（包括鉴定费、律师费及其他任何费用）。

第十二条　其他未尽事宜
　　有关货物的备品、数量的超欠、重量的增减等事宜，双方可协商。若还有未尽事宜，可按《中华人民共和国合同法》的规定执行。

　　本合同原本两份。经双方签字盖章后生效。

条件に応じて梱包しなければならない。

第四条　積荷費用と運送費用
　売主は、商品の積荷費用、運送および運送費用を負担する。

第五条　納品場所
　売主は、買主が指定する場所に貨物を届け、荷下ろしする。

第六条　納品期間
　商品の性質と買主の要望に応じて、売主は、本契約の発効日より＿＿＿日以内に、商品を買主に引き渡す。

第七条　積み下ろし費用および保険費用
　売主は、貨物の積み下ろし費用と引渡し前の保険費用を負担する。

第八条　違約責任
１．売主は、商品の不引渡しの場合、その商品の総額の＿＿＿％を違約金として買主に支払わなければならない。
２．売主は、商品引渡し遅延の場合、１日の遅延金を遅延商品総額の＿＿＿％で計算し、違約金として買主に支払う。

第九条　検査基準
　本契約書の締結時に、売主は買主に『製品検査ハンドブック』を提供し、貨物の到着後に買主はそれに基づいて検査を行う。製品が検査基準に合致しない場合、買主は貨物到着後10作業日以内に書面で売主に通知しなければならない。

第十条　決済
　決済は人民元で行う。貨物の到着後、売主は買主に対して財務印を押した支払請求書を発行する。買主は支払請求書を受領した後＿＿＿日以内に支払手続きを行わなければならない。支払期限を過ぎても代金未払いの場合、請求通りに支払うほかに、買主は延滞金として＿＿＿＿＿＿元を支払わなければならない。代金の支払いを拒否された場合、売主は買主に対し、すべての商品を返却するよう要求でき、また損害賠償を請求することができる。

第十一条　第三者に対する責任
　売主は、製品の品質が原因で起きた死傷事故や金銭的損失にかかるすべての費用（鑑定費用、弁護士費用など）を負担する。

第1章　商品販売に関する契約書

买方法定代表人：＿＿＿＿＿＿＿＿＿＿＿＿＿＿　章

卖方法定代表人：＿＿＿＿＿＿＿＿＿＿＿＿＿＿　章

〈単語〉

购入（gòurù）買入れ／**检验**（jiǎnyàn）検査する／**出具**（chūjù）書類を作成・発行する／**数据**（shùjù）データ／**运输**（yùnshū）輸送（する）／**仓储**（cāngchǔ）倉庫に蓄える／**卸货**（xièhuò）荷下ろしする／**装卸**（zhuāngxiè）積み下ろしする／**违约金**（wéiyuējīn）違約金／**总值**（zǒngzhí）総額／**偿付**（chángfù）支払う、返済する／**验收**（yànshōu）検査／**产品验收手册**（chǎnpǐn yànshōu shǒucè）製品検査ハンドブック／**结算**（jiésuàn）決済／**财务专用章**（cáiwù zhuānyòngzhāng）財務印／**赔偿**（péicháng）賠償する、弁償する／**人身伤亡**（rénshēn shāngwáng）死傷／**鉴定费**（jiàndìngfèi）鑑定費用／**律师费**（lùshīfèi）弁護士費用

第十二条　その他の未定事項
　商品の部品、数量の過不足、重量の増減などについて、双方は協議で解決する。またその他の未定事項がある場合、『中華人民共和国契約法』の規定に従う。

　本契約書の原本は2部作成し、双方の署名捺印をもって有効とする。

買主法定代表者：＿＿＿＿＿＿＿＿＿＿＿＿＿　印

売主法定代表者：＿＿＿＿＿＿＿＿＿＿＿＿＿　印

解説　　　　　　　　　　　　　　　　　　　売買契約書

　「商品売買契約」は、法人と法人、個人と法人の間での取引によく用いられる契約である。契約においては、まず、取引対象商品の名称、数量、品質、技術ノルマと検査方法などについて、明確に規定する必要がある。また、それと同時に、貨物の梱包、運送、手付金と決済、保険などについても規定しなければならない。契約違反が発生した場合、契約の当事者は、契約を違反した側に契約違反責任を追及することができる。

第1章 商品販売に関する契約書

1-3 販売代理合意書

销售代理协议书

合同编号：_____
地　　点：_____
日　　期：___年__月__日

制造商（以下称甲方）：_____
地址：_____　　电话：_____

销售代理人（以下称乙方）：_____
地址：_____　　电话：_____

　　甲乙双方经友好协商，同意就以下条款签订本协议。

第一条　甲方委托乙方为销售代理人，推销下列新产品。
　　　　产品名称：_____
　　　　规　　格：_____
　　　　质　　量：_____
　　　　单　　位：_____
　　　　包　　装：_____
　　　　重　　量：_____

第二条　乙方的职责范围
1．乙方应在代理地区拓展用户，并向甲方转送接收到的报价和订单。未经甲方特别授权，乙方无权代表甲方签定任何具有约定性的合约。
2．乙方是_____市场的全权代理，应收集信息、争取用户、尽力促进产品的销售。乙方应精通所推销产品的技术性能。
3．乙方不得与甲方或帮助他人与甲方竞争客户，乙方更不得从事代理产品或类似于代销的产品的制造业或就职于该类企业，也不得从与甲方竞争的任何企业中获利。同时，乙方不得代理或销售与代理产品相同或类似的任何新旧产品。所代理的全部产品的设计和说明均属甲方所有，乙方应在协议中止或结束时，将所代理的产品及说明等归还给甲方。

販売代理合意書

契約番号：＿＿＿＿＿＿＿
場　　所：＿＿＿＿＿＿＿
日　　付：＿＿＿年＿月＿日

メーカー（以下、甲とする）：＿＿＿＿＿＿＿＿＿＿＿＿＿＿
住所：＿＿＿＿＿＿＿＿＿＿＿＿＿＿　　電話：＿＿＿＿＿＿＿＿＿＿＿＿＿＿

販売代理人（以下、乙とする）：＿＿＿＿＿＿＿＿＿＿＿＿＿＿
住所：＿＿＿＿＿＿＿＿＿＿＿＿＿＿　　電話：＿＿＿＿＿＿＿＿＿＿＿＿＿＿

甲乙双方は友好的協議を経て以下の条項に合意し、本合意書を締結する。

第一条　甲は乙に以下の新商品を販売する販売代理を委託する。
　　商品名：＿＿＿＿＿＿＿＿＿＿＿＿＿＿
　　仕　様：＿＿＿＿＿＿＿＿＿＿＿＿＿＿
　　品　質：＿＿＿＿＿＿＿＿＿＿＿＿＿＿
　　単　位：＿＿＿＿＿＿＿＿＿＿＿＿＿＿
　　梱　包：＿＿＿＿＿＿＿＿＿＿＿＿＿＿
　　重　量：＿＿＿＿＿＿＿＿＿＿＿＿＿＿

第二条　乙の職責範囲
１．乙は代理エリアで顧客の開拓を代行し、受領したオファーや注文書は甲に転送する。甲の授権がない限り、乙に甲の代理で契約を締結する権利はない。
２．乙は＿＿＿＿＿＿＿＿市場の全権代理であり、情報収集、顧客獲得、販売促進に尽力すること。乙は販売する商品の技術性能に精通すること。
３．乙は、甲と競合して顧客を取ったり、他社を手助けして甲と顧客を獲得するための競合をしてはならない。さらに、乙は販売代理商品やその類似品を製造してはならず、同類の会社に就職してはならない。また甲と競合する他社から利益を得てはならない。乙は販売代理商品と同じ、

第1章　商品販売に関する契約書

第三条　包装

产品的包装应按运输部门规定办理，否则运输途中的损失由甲方负责。如包装不符合运输要求，乙方代为改装及加固时，所发生的一切费用由甲方负责。

第四条　交货地点

凭乙方发货通知单，由甲方代办托运直拨至购货单位。

第五条　佣金额

乙方的佣金以每次售出并签字的协议产品的总额为基础，其收佣百分比如下：

1．_____人民币按_____％收佣。
2．_____人民币按_____％收佣。

第六条　佣金的计算方法和支付

佣金以发票金额计算，任何附加费用如包装费、运输费、保险费、海关税等应另开发票。甲方收到货款后，在30天之内向乙方支付佣金。

第七条　双方的权利和义务

1．自本代理协议生效日起，甲方不得在乙方代理的区域范围内进行本产品的直接销售；但是当乙方在本协议生效的第四个月起半年内（前三个月产品推广期，不计入半年累计中）累计销售本产品数量低于_____时，甲方为确保产品市场和公司利益，有权发展其他代理商或进行本产品的直接销售。
2．乙方销售费用自理。凡涉及代理区域内重大市场推销活动，其费用经双方协商后，按协商的费用比例由双方共同承担。
3．甲、乙方需对合作的贸易活动信息保密，未经双方同意，某一方不得转用或透露给第三方。
4．乙方应尽力向甲方提供产品的市场和竞争等方面的信息，每4个月需向甲方寄送工作报告。甲方也应向乙方提供销售情况、价目表、技术文件和广告资料等一切必要的信息。

第八条　协议期限

1．本协议有效期限为一年，起始日为双方签署协议之日。
2．本协议签订后，双方经协商一致，可以变更本协议或补充本协议，但应当以书面形式确认。

あるいは類似した新品や中古品を代行または販売してはならない。商品デザインおよび商品説明はすべて甲に属し、合意書の中止時に乙は甲に返却しなければならない。

第三条　梱包
　商品の梱包は輸送部門の規定に従うものとする。従わなかった場合、輸送中の損失は甲が責任を負う。梱包が輸送条件に合致せず、乙が代わりに梱包のやり直しや補強を行った場合、それにかかった費用は甲が負担する。

第四条　納品場所
　乙の出荷通知書に基づき、甲は、商品購入者への運送を行う。

第五条　手数料
　乙の手数料は、毎回売り出した商品、または協議を通じて合意の上で販売しようとする商品の総額に基づいて、手数料の比率を下記の通りに計算する。
１．＿＿＿＿＿＿人民元＿＿＿＿＿＿％手数料を請求する。
２．＿＿＿＿＿＿人民元＿＿＿＿＿＿％手数料を請求する。

第六条　手数料の計算方法と支払い
　仲介手数料は送り状明細書の金額によって計算し、梱包費、輸送費、保険料、関税等などの付帯費用については別途明細書を作成する。甲は商品代金を受領後30日以内に乙に手数料を支払うこと。

第七条　双方の権利と義務
１．本合意書の発効日より、甲は乙が販売代理を行うエリア内で本商品の直接販売を行わないこと。ただし、本合意書の発効後4か月目より半年間（前3か月は販促期とし、半年の累計には算入しない）の乙の累計販売数が＿＿＿＿＿＿より少ない場合、甲は、商品市場と企業利益の確保のため、その他の販売代理業者への依頼、または商品の直接販売を行うことができる。
２．乙の販売にかかる費用は自己負担とする。代理エリア内で市場開拓するための重要なイベントを行う場合、それによって生じた費用については、双方が協議の上、取り決めた比率で負担する。
３．甲乙は協力する商取引の情報について機密を保持し、双方の合意をせずに片方がそれを転用したり第三者に漏らしたりしてはならない。
４．乙は商品の市場や競争に関する情報提供に尽力し、4か月ごとに甲に業務報告を郵送すること。甲も販売状況、価格表、技術文書、広告資料

第1章　商品販売に関する契約書

第九条　终止协议
１．若乙方发现甲方对代理产品虚报质量、提供虚假资料，有权终止本协议。由此所带来全部经济和法律责任须由甲方承担。
２．若乙方未经甲方同意，以低价倾销代理产品，则甲方有权终止本协议。

第十条　争议处理
　　在协议执行过程中发生任何争议时，甲、乙双方应友好协商解决。如果协商不成，双方同意向被告方地方法院提起诉讼解决。

第十一条　协议效力
　　本协议一式两份。经甲、乙双方签字、盖章后即生效。由双方分执，具有同等法律效力。未尽事宜双方另行商订并签署书面补充协议。

甲方：＿＿＿＿＿＿＿＿＿＿　　　乙方：＿＿＿＿＿＿＿＿＿＿
代表：＿＿＿＿＿＿＿＿＿＿　　　代表：＿＿＿＿＿＿＿＿＿＿

〈単語〉

制造商（zhìzàoshāng）製造業者、メーカー／**销售代理人**（xiāoshòu dàilǐrén）販売代理人／**协议**（xiéyì）合意書／**委托**（wěituō）委託する／**推销**（tuīxiāo）販売する、セールスする／**新产品**（xīn chǎnpǐn）新製品／**职责**（zhízé）職責／**拓展用户**（tuòzhǎn yònghù）顧客開拓／**报价**（bàojià）オファー／**订单**（dìngdān）注文書／**合约**（héyuē）契約／**全权代理**（quánquán dàilǐ）全権代理／**收集信息**（shōují xìnxī）情報を収集する／**精通**（jīngtōng）精通する／**类似**（lèisì）類似する／**代销**（dàixiāo）代理販売する／**获利**（huòlì）利益を得る／**包装**（bāozhuāng）梱包／**运输**（yùnshū）輸送（する）／**改装**（gǎizhuāng）梱包を変える／**加固**（jiāgù）補強する／**交货**（jiāohuò）納品、引き渡す／**发货通知单**（fāhuò tōngzhīdān）出荷通知書、出荷伝票／**直拨**（zhíbō）直送する／**佣金**（yòngjīn）仲介手数料、コミッション／**百分比**（bǎifēnbǐ）パーセンテージ／**收佣**（shōuyòng）手数料を受け取る／**发票**（fāpiào）インボイス、送り状、領収書／**包装费**（bāozhuāngfèi）梱包費／**运输费**（yùnshūfèi）輸送費／**保险费**（bǎoxiǎnfèi）保険料／**海关税**（hǎiguānshuì）関税／**权利**（quánlì）権利／**义务**（yìwù）義務／**推广期**（tuīguǎngqī）販促期／**保密**（bǎomì）機密保持、機密を守る／**转用**（zhuǎnyòng）転用する／**透露**（tòulù）漏らす／**价目表**（jiàmùbiǎo）価格表／**终止**（zhōngzhǐ）終了する、やめる／**虚报**（xūbào）偽りの報告をする／**虚假**（xūjiǎ）うそである、偽りである／**倾销**（qīngxiāo）投げ売りをする、ダンピング／**地方法院**（dìfāng fǎyuàn）地方裁判所／**诉讼**（sùsòng）訴訟を起こす／**签字**（qiānzì）署名する／**盖章**（gàizhāng）捺印する

などの必要な情報を乙に提供すること。

第八条　合意書の有効期限
１．本合意書の有効期限は甲乙双方が署名した日から起算して１年とする。
２．本合意書を締結した後、甲乙双方が話し合いを経て合意に達した場合は、合意書の内容を変更あるいは補充することができる。ただし、書面での確認を行うこと。

第九条　合意書の終了
１．販売代理している商品に対して、甲が品質を偽って報告したり、虚偽の資料を提供したことが発覚した場合、乙は本合意書を終了することができる。このことによってもたらされる経済的、法的責任はすべて甲が負うものとする。
２．乙が甲の同意を得ず、販売代理している商品を低価格で投げ売りしていた場合、甲は本合意書を終了することができる。

第十条　争議処理
　本合意書の有効期間中に争議が発生した場合、甲乙双方は友好的な話し合いでこれを解決すること。話し合いで解決しない場合、双方は被告側の地方裁判所に訴訟の申立てを行うことに同意する。

第十一条　合意書の効力
　本合意書は２部作成し、甲乙双方が署名捺印した後に有効とする。甲乙それぞれが所持し、同等の法的効力を持つ。本合意書に定めのない事項については双方が別途協議して取り決め、補充合意書に署名する。

甲　　　：＿＿＿＿＿＿＿＿＿＿　　乙　　　：＿＿＿＿＿＿＿＿＿＿
代表者：＿＿＿＿＿＿＿＿＿＿　　代表者：＿＿＿＿＿＿＿＿＿＿

解説　　　　　　　　　　　　　　　　　販売代理合意書

　この「販売代理合意書」は、〈委託代理契約〉に属するもので、代理人は、委託人の名義で顧客を取り、委託人から代理費用を受け取ることになる。契約期間中、代理人は、契約に定めた義務と委託人の商業機密を守る義務を履行しなければならない。また、この種の契約の特徴は、販売にかかる費用が自己負担となることで、この観点から、代理人は自社名義で他の取引をすることができる。この場合、代理人は委託人の利益を害してはならず、また、委託人に事情を説明するとともに、第三者にも委託人とは一切関係がない旨を説明しなければならない。さらに委託人はこの契約に基づく取引に対して代理人に報酬を支払う義務がある。

1-4 部品加工・組立契約書

来料加工和来件装配合同

合同编号：＿＿＿＿＿＿
地　　点：＿＿＿＿＿＿
日　　期：＿＿＿年＿月＿日

委托方为甲方：＿＿＿＿＿＿＿＿＿＿＿＿
地址：＿＿＿＿＿＿＿＿＿＿＿　　电话：＿＿＿＿＿＿＿＿＿＿＿

承接方为乙方：＿＿＿＿＿＿＿＿＿＿＿＿
地址：＿＿＿＿＿＿＿＿＿＿＿　　电话：＿＿＿＿＿＿＿＿＿＿＿

双方为开展来料加工和来件装配业务，经双方协商，订立本合同。

第一条　来料加工和来件组装的商品及数量
　　商品名称：＿＿＿＿＿＿＿＿＿＿＿
　　数　　量：＿＿＿＿＿＿＿＿＿＿＿

第二条　零件和原材料
　　一切所需的零件和原料由甲方提供。经甲方同意，也可由乙方在当地购买，清单另附。

第三条　每种型号的加工费
1．＿＿＿＿型号每件（或套）计人民币＿＿＿＿。（大写人民币＿＿＿＿）
2．＿＿＿＿型号每件（或套）计人民币＿＿＿＿。（大写人民币＿＿＿＿）

第四条　结算
　　甲方应于成品交运前1个月，向乙方电汇全部加工费用。如果原材料或零件是由乙方在当地购买的，甲方应向乙方支付原材料、零配件等实际费用。

第五条　交货
1．零件和原材料由甲方提供时，每月向乙方提供＿＿＿＿原材料和零件，

部品加工・組立契約書

契約番号：＿＿＿＿＿＿＿
場　　所：＿＿＿＿＿＿＿
日　　付：＿＿＿年＿＿月＿＿日

甲（委託者）：＿＿＿＿＿＿＿＿＿＿＿＿
住所：＿＿＿＿＿＿＿＿＿＿＿＿＿　　電話：＿＿＿＿＿＿＿＿＿＿＿＿＿

乙（受託者）：＿＿＿＿＿＿＿＿＿＿＿＿
住所：＿＿＿＿＿＿＿＿＿＿＿＿＿　　電話：＿＿＿＿＿＿＿＿＿＿＿＿＿

　甲乙双方は、部品加工・組立て業務について、双方の協議のもと、本契約を締結する。

第一条　部品加工・部品組立てを行う商品およびその数量
　　商品名：＿＿＿＿＿＿＿＿＿＿＿＿＿＿＿
　　数　量：＿＿＿＿＿＿＿＿＿＿＿＿＿＿＿

第二条　部品と原材料
　必要な部品と原料はすべて甲より提供する。甲の同意を得た場合、乙は現地で購入することができ、別途明細書を提出する。

第三条　それぞれの部品の加工費用
　1．＿＿＿＿部品1個（あるいは1組）あたり＿＿＿＿＿元。（大字で＿＿＿＿＿元）
　2．＿＿＿＿部品1個（あるいは1組）あたり＿＿＿＿＿元。（大字で＿＿＿＿＿元）

第四条　決済
　製品引渡し1か月前に、甲は、加工費を電信で乙に支払う。もし乙が原料や部品などを現地で購入した場合、甲は、原料や部品などに関する費用を乙に支払う。

由甲方负责运输，交付乙方。
2．乙方应在收到原材料后，在＿＿＿日内，完成加工或装配。乙方负责将成品运交给甲方。不得延迟。如遇特殊情况需要延期，须向甲方说明理由，征求甲方的同意。根据甲方的指示，乙方负责把加工后的成品运交给甲方指定的买主。

第六条　零件与原料的消耗率
　　加工零件及原料标准损耗率为＿＿＿％，在规定范围内的损耗由甲方免费提供，超出规定范围的损耗，应由乙方负责补充。

第七条　运费、保险费
　　甲方将原料及零件运交乙方的运费、保险费由甲方负责；乙方将成品运交甲方的运费、保险费由乙方负责。

第八条　质量检验
1．乙方在收到原料及零件后，应按甲方提供的技术标准，对其规格、品质进行验收，如发现甲方提供的原料及零件的规格、质量不符合技术标准或数量不足时，乙方须向甲方提出检验报告，由甲方负责退换或补足。在停工待料期间，乙方的损失由甲方负责赔偿。
2．甲方在收到乙方加工的成品后，按双方议定的验收标准验货。对因乙方装配不当而造成的质量问题，甲方须向乙方提出检验报告，由乙方负责返修或赔偿。

第九条　乙方应严格按照合同规定的设计加工，不得更改。

第十条　技术服务
　　甲方有义务协助培训乙方的技术人员，来厂专家和培训人员的人数、时间、任务以及费用负担等，由双方另行商议。

第十一条　与本合同有关的一切进出口手续，应由乙方予以办理。

第十二条　其他条件
1．成品的商标由甲方提供，若出现法律纠纷，甲方应负完全责任；
2．必要时乙方可在当地购买加工标准件的零件及原料。但其品质必须符合标准，同时要事先得到甲方认可；
3．为促进销售业务，乙方应储备标准品的样品，随时可寄往甲方所指定的买主；
4．本合同自签订之日起，双方盖章签字后生效。任何一方不得擅自修改或

第五条　納品
1．甲は、原材料や部品を提供した場合、毎月乙に＿＿＿＿の原材料と部品を提供する。甲は運送を行い、乙に引き渡す。
2．乙は、原材料を受け取った後、＿＿日以内に、加工または組立てを完成する。乙は製品を甲に引き渡す。遅延してはならない。特殊な事情で延期が必要となる場合、甲に対して理由を説明し、同意を求める。甲の指示の下で、乙は加工後の製品を甲の指定した買主に引き渡す。

第六条　部品と原料の消耗率
　加工部品と原料の標準損耗率は＿＿％とする。規定の範囲内の損耗の場合は甲が無償で提供し、規定範囲を超える損耗の場合は乙が補充する。

第七条　輸送費、保険料
　乙に原料や部品を引き渡す際の輸送費と保険料は甲が負担する。甲に製品を引き渡す際の輸送費と保険料は乙が負担する。

第八条　品質検査
1．乙は原料および部品を受け取った後、甲の提供した技術基準に従って、その規格や品質に対して検査を行う。甲の提供した原料および部品の規格や品質が技術基準に合わない場合、あるいは数量が足りない場合、乙は甲に検査報告を提出し、甲は取替えあるいは補充を行う。原料を待つために操業を停止した期間の乙の損失は甲が負担する。
2．甲は、乙の加工した製品を受領した後、双方で定めた検査基準に従って製品を検査する。乙による組立ての不具合で起こった品質の問題について、甲は乙に検査報告を提出し、乙はやり直すかあるいは賠償を行う。

第九条　乙は契約で定めたデザインに基づいて厳格に加工を行うものとし、勝手に変更してはならない。

第十条　技術的サポート
　甲は乙の技術者研修に協力する義務をもち、研修のために招く専門家、研修者数、日時、任務、費用負担等については、甲乙双方で別途協議する。

第十一条　本契約に関する輸出入手続きはすべて乙が行うものとする。

第十二条　その他
1．製品の商標は甲より提供し、法的トラブルが起きた場合には甲が完全に責任を負う。

第1章　商品販売に関する契約書

終止，如需修改或终止时，应经双方协商同意，另立协议方可有效，并报双方业务主管部门备案；

5．本合同所载明的权利和义务，非经双方一致同意，任何一方不得转让给第三方。

第十三条　在本合同有效期内，任何一方违约，可通过协商解决。如协商不能解决时，可提请合同履行地的仲裁机关进行仲裁。仲裁为终局裁决，仲裁费用由败诉方承担。

第十四条　其他规定
1．本合同自签字之日起生效。有效期为＿＿＿年。在有效期届满之前＿＿＿月，就合同的续签事宜，双方进行协商。
2．合同的内容需要补充、变更时，需双方协商解决。
3．本合同一式三份，甲方与乙方在签字后各执一份。另一份呈送＿＿＿＿＿＿＿有关部门备案。合同以中文与＿＿＿＿＿＿＿两国文字书写，具有同等效力。

甲方：＿＿＿＿＿＿＿＿＿＿　　公章　　乙方：＿＿＿＿＿＿＿＿＿＿　　公章
代表：＿＿＿＿＿＿＿＿＿＿　　章　　　代表：＿＿＿＿＿＿＿＿＿＿　　章

〈単語〉

来料加工（láiliào jiāgōng）原料を提供しての委託加工／**来件組装**（láijiàn zǔzhuāng）部品組立て、ノックダウン／**零件**（língjiàn）部品、パーツ／**原料**（yuánliào）原料／**购买**（gòumǎi）購入する／**清单**（qīngdān）明細書、リスト／**大写**（dàxiě）漢数字の大字（証書類に用いる）／**结算**（jiésuàn）決済／**电汇**（diànhuì）電信送金為替、T/T／**零配件**（língpèijiàn）部品／**交货**（jiāohuò）納品、引き渡す／**延迟**（yánchí）遅延する／**损耗率**（sǔnhàolǜ）損耗率／**运费**（yùnfèi）輸送費／**保险费**（bǎoxiǎnfèi）保険料／**质量检验**（zhìliàng jiǎnyàn）品質検査／**验收**（yànshōu）検査／**退换**（tuìhuàn）（買ったものを）取り替える／**补足**（bǔzú）補充する／**返修**（fǎnxiū）再修理する／**赔偿**（péicháng）賠償する、弁償する／**培训**（péixùn）研修（する）／**专家**（zhuānjiā）専門家、エキスパート／**进出口手续**（jìnchūkǒu shǒuxù）輸出入手続き／**商标**（shāngbiāo）商標／**纠纷**（jiūfēn）紛争、もめごと／**修改**（xiūgǎi）修正（する）／**终止**（zhōngzhǐ）終了する、やめる／**备案**（bèi'àn）報告して記録を残す／**转让**（zhuǎnràng）譲渡する／**违约**（wéiyuē）違反する／**仲裁机关**（zhòngcái jīguān）仲裁機関

2．必要時には、乙は統一規格部品および原料を現地で購入して加工してもよい。ただし、その品質は基準に適合していなければならず、事前に甲の許可を得なければならない。
3．販売業務を促進するため、甲の指定する買主に随時郵送できるよう、乙は統一規格品のサンプルをストックしなければならない。
4．本契約書は締結日より甲乙双方の署名捺印をもって有効とする。いずれか一方が勝手に変更したり終了してはならない。変更や終了の必要がある場合は、双方の協議と同意を経て、別途合意書をもって有効とし、甲乙双方の業務主管部門に報告すること。
5．本契約書に記載した権利と義務については、甲乙双方の合意なくしていずれか一方もこれを第三者に譲渡してはならない。

第十三条　本契約書の有効期間中にいずれか一方がこれに違反した場合、話し合いによって解決する。もし解決しない場合は、契約履行地の仲裁機関に仲裁を申し立てることができる。仲裁の裁決は最終決定とし、仲裁費用は敗訴した側が負担する。

第十四条　その他の規定
1．本契約は調印の日より効力が生じる。有効期間は＿＿＿年とする。有効期間が満了となる＿＿＿か月前に、契約の継続について双方は協議することができる。
2．契約の内容を追加したり、変更したりする場合は、双方の協議の上で決める。
3．本契約書は３部作成し、甲乙双方が署名後、それぞれ１部を保持すること。残りの１部は＿＿＿＿＿関連部門に控えとして提出すること。契約は中国語と＿＿＿＿＿語の両方で作成し、同じ効力を有する。

甲　　　：＿＿＿＿＿＿＿＿印　　　乙　　　：＿＿＿＿＿＿＿＿印
代表者：＿＿＿＿＿＿＿＿印　　　代表者：＿＿＿＿＿＿＿＿印

解説　- - - - - - - - - - 部品加工・組立契約書

　この種の「受託加工契約」は、一般的に〈渉外〉の性質を有し、このような契約に調印する場合、契約の主体は法人格を持つこと、契約の内容は中国の法律の規定に従うこと、また契約の調印は書面でなければならない。場合によっては、契約は国の担当機関の許可を受けるか、その関係機関に届け出る必要がある。この種の契約で重要な内容となる項目は、加工品の原材料や部品、完成品の運送、完成品の品質、数量、履行期限、検査、加工費用、報酬の支払いなどである。

1-5 サービスセンター設立合意書

成立维修服务中心协议书

合同编号：_____
地　　点：_____
日　　期：___年__月__日

受托方（甲方）：_____
地址：_____　　电话：_____

委托方（乙方）：_____
地址：_____　　电话：_____

　　为了有利于双方业务的发展，扩大乙方_____产品的销售，乙方委托甲方筹建_____维修服务中心（下称维修服务中心）。在合作互利的基础上，双方经友好协商制定以下条款：

第一条　业务范围
1．介绍乙方_____产品的性能结构及使用保养常识；
2．办理用户购买乙方_____产品后的保用手续；
3．承接用户使用乙方_____产品的修理业务；

第二条　由甲方提供维修服务中心的专用铺面。由乙方负责铺面的装修、布置，并提供陈列用的样机和模型、广告、产品样本、产品说明书等。所需一切费用都由乙方负担。

第三条　为了保证乙方的产品质量，使维修后的产品达到规定的技术标准，乙方应向甲方无偿提供该产品的性能、各种技术指标、全部零件图册、维修时必要的专用工具及修复后测定各种指标的测试仪器和设备。

第四条　为了提高维修人员的技术，乙方要派遣有维修经验的技术人员为甲方培训维修人员。乙方要定期对甲方的技术人员进行技术指导，并提供新的技术，所需费用由乙方承担。

サービスセンター設立合意書

契約番号：＿＿＿＿＿＿
場　　所：＿＿＿＿＿＿
日　　付：＿＿年＿月＿日

甲（受託者）：＿＿＿＿＿＿＿＿＿＿
住所：＿＿＿＿＿＿＿＿＿＿　　電話：＿＿＿＿＿＿＿＿＿＿

乙（委託者）：＿＿＿＿＿＿＿＿＿＿
住所：＿＿＿＿＿＿＿＿＿＿　　電話：＿＿＿＿＿＿＿＿＿＿

　甲乙双方の業務発展と、乙の＿＿＿＿製品の販売拡大のため、乙は甲に＿＿＿＿サービスセンター（以下、サービスセンターとする）の設立を委託する。互いに協力し互いに利する、という基礎のもと、双方は友好的な話し合いを経て以下の条項を制定する。

第一条　業務範囲
1. ＿＿＿＿製品の性能、構造、手入れ方法の紹介。
2. ＿＿＿＿製品購入者の保証手続き。
3. ユーザー使用中の＿＿＿＿製品の修理。

第二条　甲はサービスセンターの専用店舗を提供する。乙は内装、レイアウトを行い、サンプル機械、模型、広告、製品カタログ、説明書などを提供する。それにかかる費用はすべて乙が負担する。

第三条　乙製品の品質を保証し、修理後の製品が規定の技術基準に達するよう、乙は甲に当該製品の機能、各種技術指標、部品図、修理時に必要な専用工具、修復後に各種指標を測定するための機器や設備を無償で提供する。

第四条　修理スタッフの技術向上のため、乙は経験あるスタッフを派遣し

第1章 商品販売に関する契約書

第五条　铺面的租金、员工的薪水、水电等杂费、税务等费用均由乙方负担。

第六条　保用期内产品的维修
1．乙方免费提供所需更换的零件；
2．甲方向乙方报告实际的修理量，由乙方向甲方支付修理费用。(修理费明细表详见附件。)

第七条　付款方式
1．乙方以银行转账方式向甲方付款。以人民币结算。
　　甲方开户银行：_____
　　账号：_____
2．双方来往账目每年12月31日总结算一次。

第八条　本协议书生效后的2个月作为筹备期，双方按协议书的规定分别进行工作。维修服务中心定于____年____月____日正式开业。

第九条　本协议书的有效期自开业之日起暂定1年，如进展情况双方满意，可继续延期并提前1个月双方进行洽商。协议中止时，甲方需归还乙方存有的样机、维修工具、备品和技术文件等。

第十条　在合约期内，甲方同意不直接或间接地接受同类产品的业务与竞争。

第十一条　在合约执行中，如发生争议，双方应本着友好方式进行协商解决。如未能解决时，可向维修服务中心所在地的仲裁机构申请仲裁。仲裁为终局裁决，仲裁费用由败诉方承担。

第十二条　其他未尽事宜，双方随时洽商补充修订。

第十三条　本协议业经_____会批准(许可证编号：_____，日期：____年____月____日)。如需扩大业务范围，经双方协商后报原批准单位同意后生效。

　　本合同一式两份，双方签字后各执一份。

て甲のスタッフ研修を行う。乙は定期的に甲の修理スタッフに対して技術指導を行い、また新しい技術を提供する。それにかかる費用は乙が負担する。

第五条　店舗の賃貸料、従業員給与、水道・電気などの雑費、税金などはすべて乙が負担する。

第六条　保証期間内の修理
１．乙は部品交換に必要な部品を無償で提供する。
２．甲は乙に実際の修理数を報告し、乙は甲に修理費用を支払う。（修理費用の明細表は添付資料を参照のこと）

第七条　支払い方法
１．乙は甲に銀行振替で支払う。人民元による決済とする。
　　口座開設銀行：＿＿＿＿＿＿＿＿＿＿＿＿＿＿＿＿＿
　　口座番号：＿＿＿＿＿＿＿＿＿＿＿＿＿＿＿＿＿＿＿
２．甲乙双方の取引帳簿は毎年12月31日に１度決算を行う。

第八条　本合意書は発効後２か月を準備期間とし、双方は合意書の規定に従ってそれぞれ業務を行う。サービスセンターは＿＿＿年＿＿＿月＿＿＿日に正式開業とする。

第九条　本合意書の有効期限は開業日より暫定で１年とする。業務進展状況に双方が満足した場合は期限を延長でき、１か月前に双方で協議を行う。合意書を中止する場合、乙は甲にサンプル機械、修理用工具、部品、技術文書等を返却する。

第十条　本合意書の有効期間中、直接的あるいは間接的に同種の製品の業務を引き受けたり競争を行ったりしないことに甲は同意する。

第十一条　本合意書の執行中に争議が発生した場合、双方は友好的な話し合いによって解決すること。もし解決しない場合はサービスセンター所在地の仲裁機関に仲裁を申し立てることができる。仲裁の裁決は最終決定とし、仲裁費用は敗訴した側が負担する。

第十二条　その他、本合意書に定めのない事項については、双方が適時協議して補充・改訂を行うこと。

第1章　商品販売に関する契約書

甲方：_____　　　公章
代表：_____　　　章

乙方：_____　　　公章
代表：_____　　　章

〈単語〉

筹建（chóujiàn）計画して建設する／**维修服务中心**（wéixiū fúwù zhōngxīn）サービスセンター／**业务范围**（yèwù fànwéi）業務範囲／**保养**（bǎoyǎng）手入れする／**保用**（bǎoyòng）（修理・交換などを）保証する／**铺面**（pùmiàn）店構え、店先／**装修**（zhuāngxiū）内装工事をする／**布置**（bùzhì）アレンジする、飾り付ける／**陈列**（chénliè）展示する／**样机**（yàngjī）サンプル機械、試作機／**模型**（móxíng）模型／**产品样本**（chǎnpǐn yàngběn）製品カタログ／**零件图册**（língjiàn túcè）部品図／**工具**（gōngjù）工具、道具、器具／**测试仪器**（cèshì yíqì）測定機器／**派遣**（pàiqiǎn）派遣する／**培训**（péixùn）研修（する）／**技术指导**（jìshù zhǐdǎo）技術指導／**租金**（zūjīn）賃貸料、リース料金／**薪水**（xīnshuǐ）給与／**杂费**（záfèi）雑費／**税务**（shuìwù）税務／**更换**（gēnghuàn）取り替える／**银行转账**（yínháng zhuǎnzhàng）銀行振替／**结算**（jiésuàn）決済／**开户银行**（kāihù yínháng）口座開設銀行／**账号**（zhànghào）口座番号／**来往账目**（láiwǎng zhàngmù）会計、勘定、取引帳簿／**总结算**（zǒngjiésuàn）総決算／**开业**（kāiyè）開業する／**洽商**（qiàshāng）協議する／**备品**（bèipǐn）予備品、スペア／**仲裁机构**（zhòngcái jīgòu）仲裁機関

第十三条　本合意書はすでに＿＿＿＿＿＿＿＿会の許可を得ている。（許可証番号：＿＿＿＿＿＿、日付＿＿＿年＿＿＿月＿＿＿日）。業務範囲を拡大する場合、甲乙双方の話し合いを経て認可機関の同意を得た後に有効とする。

本合意書は２部作成し、双方が署名後それぞれ１部を保管する。

甲　　　：＿＿＿＿＿＿＿＿＿＿＿＿＿＿　印
代表者：＿＿＿＿＿＿＿＿＿＿＿＿＿＿　印

乙　　　：＿＿＿＿＿＿＿＿＿＿＿＿＿＿　印
代表者：＿＿＿＿＿＿＿＿＿＿＿＿＿＿　印

解説 ---------- **サービスセンター設立合意書** -

　この合意書に見られるような契約は、甲が乙に労務を提供し、乙が甲に報酬を支払う〈労務契約〉であり、双方の権利と義務を明確に規定することが、契約の重要な内容となる。つまり、契約の当事者が、契約に定めた義務を履行しない場合には、契約違反責任を負わなければならない。契約に違反した場合、契約当事者は契約を中止するか、または相手に対して損害賠償を請求すると同時に、契約を継続するかどうかを決めることができる。

第1章 商品販売に関する契約書

1-6 貨物輸送契約書

货物运输合同

合同编号：_____
地　　点：_____
日　　期：____年__月__日

托运方：_____
地　址：_____　　　　　电　话：_____

承运方：_____
地　址：_____　　　　　电　话：_____

收货人：_____
地　址：_____　　　　　电　话：_____

　　根据国家有关运输规定，经过双方充分协商，订立本运输合同，以便双方共同遵守。

第一条　运输内容
　1．货物名称：_____
　　　规　　格：_____
　　　单　　位：_____
　　　数　　量：_____
　　　重　　量：_____
　　　总　　价：_____
　2．托运时间及地点：_____
　3．交货时间及地点：_____

第二条　运输费用及结算
　1．运输费、装卸费等共计人民币_____元。
　2．本合同双方签章后，托运方应先付给承运方装卸费和预付运输费的
　　　____%。承运方在卸货完毕后，以收货人签字的收货凭据及运输费用凭据

貨物輸送契約書

契約番号：＿＿＿＿＿＿
場　　所：＿＿＿＿＿＿
日　　付：＿＿＿年＿月＿日

荷送人：＿＿＿＿＿＿＿＿＿＿
住　所：＿＿＿＿＿＿＿＿＿＿　　電　話：＿＿＿＿＿＿＿＿＿＿＿

運送人：＿＿＿＿＿＿＿＿＿＿
住　所：＿＿＿＿＿＿＿＿＿＿　　電　話：＿＿＿＿＿＿＿＿＿＿＿

荷受人：＿＿＿＿＿＿＿＿＿＿
住　所：＿＿＿＿＿＿＿＿＿＿　　電　話：＿＿＿＿＿＿＿＿＿＿＿

　国の輸送関連規定に従い、双方の充分な協議を経て、共に遵守すべく本契約書を締結する。

第一条　輸送内容
1．貨物名称：＿＿＿＿＿＿＿＿＿＿＿＿＿
　　仕　　様：＿＿＿＿＿＿＿＿＿＿＿＿＿
　　単　　位：＿＿＿＿＿＿＿＿＿＿＿＿＿
　　数　　量：＿＿＿＿＿＿＿＿＿＿＿＿＿
　　重　　量：＿＿＿＿＿＿＿＿＿＿＿＿＿
　　総　　額：＿＿＿＿＿＿＿＿＿＿＿＿＿
2．輸送日時および場所：＿＿＿＿＿＿＿＿＿＿＿＿＿
3．引き渡す期日および場所：＿＿＿＿＿＿＿＿＿＿＿＿＿

第二条　輸送費用および決済
1．輸送費用、積み下ろし費用等は合計＿＿＿＿＿元とする。
2．双方が本契約書に署名捺印した後、荷送人は運送人に積み下ろし費用を支払い、輸送費用＿＿＿％を前払いする。運送人が荷下ろしを終了した

与托运方再次结算。

第三条　包装要求
　　为了保证货物的安全运输，根据所托运的货物的性质，托运方必须按照国家有关部门规定的标准进行包装，否则承运方有权拒绝承运。

第四条　各方的权利
１．托运方的权利：
　　　　要求承运方按照合同规定的时间和地点把货物送到目的地。在办理货物托运后，托运方有权向承运方提出更改合同内容或解除合同的要求。但必须在货物未到目的地之前通知承运方，并应按有关规定付给承运方所需费用。
２．承运方的权利：
　　　　向托运方、收货人收取运杂费用。如果收货人不缴或不按时缴纳规定的各种运杂费用时，承运方有权扣压其货物。由于收货人地址有误而查不到收货人或收货人拒绝提取货物时，承运方应及时与托运方联系，在规定期限内负责保管并有权征收保管费，对于超过规定期限仍无法交付的货物，承运方有权按有关规定进行处理。
３．收货人的权利：
　　　　在货物运到指定地点后有权利凭证提取货物。收货人有权向到站或中途货物所在站提出到站变更或收货人变更的要求，但需另行签订变更协议。

第五条　各方的义务
１．托运方的义务：
　　　　按约定在规定期限内向承运方交付运杂费。否则，承运方有权停止运输，并要求支付违约金。托运方对托运的货物，应按照规定的标准进行包装，遵守有关危险品运输的规定，按照合同中规定的时间和数量交付托运货物。
２．承运方的义务：
　　　　在合同规定的期限内，将货物运到指定的地点，在运输过程中，要保证托运货物的安全，保证货物无短缺、无损坏、无人为的变质。如有上述问题，应承担赔偿责任。在货物到达以后，按时向收货人发出到货通知书。收货人没有及时提货时，应对货物进行保管。
３．收货人的义务：
　　　　在接到提货通知后，按时提取货物，并付清有关费用。

後、荷受人のサインした荷受書および運送費用明細書で荷送人と決済する。

第三条　梱包
　貨物の安全な輸送を保証するため、運送される貨物の品質に応じて、荷送人は国の関連部門の定める基準に従って梱包を行うこと。そうでない場合、運送人は貨物輸送の受託を拒否する権利をもつ。

第四条　当事者の権利
　１．荷送人の権利
　　　契約書に定める日時と場所に基づいて貨物を目的地まで届けることを運送人に求める。貨物の輸送手続きを済ませた後、荷送人は運送人に対して契約内容の変更あるいは契約解除を申し出ることができる。ただし、貨物が目的地に到着する前に運送人に通知し、関連規定に従って必要な費用を運送人に支払うこと。
　２．運送人の権利
　　　荷送人と荷受人より輸送費・雑費を受け取る。規定の各種雑費を荷送人がまったく支払わない、あるいは期日通りに支払わない場合、運送人は貨物を差し止めることができる。荷受人の住所表記に誤りがあって荷受人を探し出せない場合、あるいは荷受人が受取りを拒否した場合、運送人はただちに荷送人と連絡をとり、規定の期限内は貨物を保管して、保管費用を徴収する権利をもつ。規定の期限を超過しても引渡しできない貨物については、運送人は関連規定に従って処理することができる。
　３．荷受人の権利
　　　貨物が指定場所に届けられた後、貨物引換証で貨物を受け取る権利をもつ。荷受人は荷揚地あるいは途中の荷揚地において、引渡し場所の変更あるいは荷受人の変更を申し出ることができる。ただし、その場合は変更合意書の締結が別途必要である。

第五条　当事者の義務
　１．荷送人の義務
　　　規定の期限内に運送人に輸送費・雑費を支払う。これを守らない場合、運送人は輸送を停止し、違約金の支払いを要求する権利をもつ。荷送人は委託する貨物に対して、規定された基準に従って梱包を行い、危険物の輸送に関する規定を遵守し、契約書に定めた期日と数量に従って運送の貨物を引き渡す。
　２．運送人の義務
　　　契約に定めた期限内に貨物を指定の場所まで運送する。運送中、貨物

第六条　违约责任
1．托运方责任：
　①未按合同规定的时间和要求提供托运的货物时，托运方应向承运方偿付其价值的＿＿％的违约金。
　②由于在普通货物中夹带危险货物，或误报货物重量等引起吊具断裂、货物摔损、爆炸等事故时，托运方应承担赔偿责任。
　③由于货物包装缺陷产生破损，致使其他货物或运输工具、机械设备被污染腐蚀、损坏，或造成人身伤亡时，托运方应承担赔偿责任。
　④罐车发运货物，因未随车附带规格质量证明或化验报告，造成收货方无法卸货时，托运方应向承运方偿付违约金。
2．承运方责任：
　①承运方不按合同规定的时间和要求配车（船）发运时，应向托运发偿付＿＿＿＿＿元的违约金。
　②承运方如发生货物错运时，应无偿将货物运至合同规定的到货地点或接货人。如果货物逾期到达，承运方应偿付逾期交货的违约金。
　③在运输过程中发现货物短少、变质、污染、损坏时，承运方应按货物的实际损失（包括包装费、运杂费）赔偿托运方。
　④联运的货物发生短少、变质、污染、损坏时，应由承运方承担赔偿责任。终点阶段的承运方应向负有责任的其他承运方追查责任并索取补偿费。
　⑤在符合法律和合同规定条件下的运输，由于托运方或收货人本身的过错、货物本身的自然属性、货物的合理损耗、不可抗力的原因所造成货物的短少、变质、污染、损坏时，承运方不承担违约责任。
3．收货人的责任：
　　逾期提货时，应向承运方交付保管费。拒绝提货的，应承担赔偿损失的责任。

　　本合同正本一式二份，合同双方各执一份，合同副本一式＿＿＿＿＿份，送＿＿＿＿＿＿＿等单位各留一份。

托运方代表人：＿＿＿＿＿＿＿＿＿＿＿＿＿　　章
开　户　银　行：＿＿＿＿＿＿＿＿＿＿＿＿＿
帐　　　　　号：＿＿＿＿＿＿＿＿＿＿＿＿＿

承运方代表人：＿＿＿＿＿＿＿＿＿＿＿＿＿　　章
开　户　银　行：＿＿＿＿＿＿＿＿＿＿＿＿＿
帐　　　　　号：＿＿＿＿＿＿＿＿＿＿＿＿＿

の安全を保証し、数量不足や損壊、人為的な変質がないことを保証する。もし上述の問題があった場合、賠償する義務を負う。貨物到着後、期日通り荷受人に貨物到着通知を発送する。荷受人はただち貨物を引き取らない場合、貨物を保管しなければならない。
3．荷受人の義務
　貨物の到達通知書を受け取った後、期日通りに貨物を受け取り、関連する費用を支払う。

第六条　違約責任
1．荷送人の責任
　①契約に定めた期日や要求に従って託送する貨物を提供しなかった場合、荷送人はその価値の＿＿＿％を運送人に違約金として支払う。
　②普通貨物に危険貨物が混じっていたり、貨物重量を誤って報告したことで、吊り金具の断裂、貨物破損、爆発などといった事故を引き起こした場合、荷送人が賠償責任を負うものとする。
　③梱包の不具合で貨物が破損し、その結果、他の貨物、輸送機材、機械設備が腐食や破損を起こして死傷事故に至った場合、荷送人は賠償責任を負う。
　④タンクローリーでの貨物輸送で、仕様・品質証明書あるいは化学検査報告書の不携帯で荷受人が積み下ろしできなかった場合、荷送人が運送人に違約金を支払う。
2．運送人の責任
　①契約に定めた期日と要求に従って運送人が車（船）で出荷できなかった場合、荷送人に＿＿＿＿元の違約金を支払う。
　②運送人が貨物を誤った場所または荷受人に届けた場合、契約に定めた引渡し場所あるいは荷受人に無償で届けなければならない。もし引渡しの期日を過ぎた場合、運送人は違約金を支払う。
　③輸送途中で貨物の数量不足、変質、汚染、損壊を発見した場合、運送人は貨物の実際の損失額（梱包費用、輸送費・雑費を含む）を荷送人に賠償する。
　④複合輸送する貨物で数量不足、変質、汚染、損壊を発見した場合、運送人が賠償責任を負う。終着までを担当する運送人はその他の運送人の責任を追及し、補償費用を請求することができる。
　⑤法律や契約の規定に適合した条件での輸送において、荷送人や荷受人自身の過失、貨物自体の欠陥、貨物の合理的な損耗、不可抗力が原因で、貨物の数量不足、変質、汚染、損壊が起きた場合、運送人は違約責任を負わない。
3．荷受人の責任

第 1 章　商品販売に関する契約書

〈単語〉

运输（yùnshū）輸送（する）／**托运**（tuōyùn）輸送を委託する／**承运**（chéngyùn）輸送を引き受ける／**收货**（shōuhuò）荷受けする／**货物**（huòwù）商品、品物／**规格**（guīgé）規格、仕様／**结算**（jiésuàn）決済／**装卸**（zhuāngxiè）積み下ろしする／**卸货**（xièhuò）荷下ろしする／**凭据**（píngjù）領収書、荷受書／**包装**（bāozhuāng）梱包／**权利**（quánlì）権利／**更改**（gēnggǎi）変更（する）／**解除**（jiěchú）解除する／**目的地**（mùdìdì）目的地／**运杂费用**（yùn zá fèiyòng）運輸費と雑費／**扣压**（kòuyā）差し止める／**提取**（tíqǔ）受け取る／**征收**（zhēngshōu）徴収する／**义务**（yìwù）義務／**违约金**（wéiyuējīn）違約金／**短缺**（duǎnquē）不足／**损坏**（sǔnhuài）損壊（する）／**变质**（biànzhì）変質（する）／**赔偿**（péicháng）賠償する、弁償する／**到货通知书**（dàohuò tōngzhīshū）貨物到着通知／**偿付**（chángfù）支払う、返済する／**吊具**（diàojù）吊り金具／**爆炸**（bàozhà）爆発／**缺陷**（quēxiàn）欠陥、不備／**腐蚀**（fǔshí）腐食／**罐车**（guànchē）タンクローリー／**发运**（fāyùn）積み出す、出荷する／**规格质量证明**（guīgé zhìliàng zhèngmíng）規格品質証明書／**化验报告**（huàyàn bàogào）化学検査報告書／**联运**（liányùn）複合一貫輸送、複合輸送／**追查**（zhuīchá）追及する／**过错**（guòcuò）過失、ミス／**自然属性**（zìrán shǔxìng）商品の本来の品質や利用価値／**不可抗力**（bùkěkànglì）不可抗力

期日を過ぎて引き取った場合、運送人に貨物の保管費用を支払う。引取拒否の場合、荷受人は損害賠償責任を負う。

本契約書は正本を2部作成し、双方がそれぞれ1部を保持する。副本は_____部作成し、_____等の機関がそれぞれ1部を保持する。

荷送人代表者：_____　印
口座開設銀行：_____
口　座　番　号：_____

運送人代表者：_____　印
口座開設銀行：_____
口　座　番　号：_____

解説 - - - - - - - - - - - - - - - - - - - **貨物輸送契約書** -

　この契約に基づく〈荷送人〉は、貨物の運送許可と検査などの通関手続きをしなければならない。その後、手続きを済ませ引き渡しを受けた〈運送人〉は、貨物運送の全過程に責任を負う。貨物の品質と数量、検査、運賃の支払いなどが契約の重要な内容となり、〈運送人〉は期間内に貨物を目的地まで運ぶ義務を負う。貨物が目的地に到着した後、〈運送人〉は〈荷受人〉に通知しなければならない。〈荷受人〉は、貨物の受取り後、貨物検査の専門家の立会いのもとで貨物を検査し、貨物に損害があれば、〈運送人〉に損害賠償を請求することができる。

1-7 倉庫寄託契約書

仓储保管合同

合同编号：_____
地　　点：_____
日　　期：___年__月__日

存货方：_____
地　址：_____　　　电　话：_____

保管方：_____
地　址：_____　　　电　话：_____

　　根据《中华人民共和国合同法》和《仓储保管合同实施细则》的有关规定，存货方和保管方根据委托储存计划和仓储容量的情况，经双方协商一致，签订本合同。

第一条　储存的货物
　　品名：_____
　　规格：_____
　　数量：_____
　　质量：_____
　　包装：_____
　　标记：_____

第二条　保管方法
　　根据与所储存货物的有关规定进行保管。对于没有具体保管规定的货物，可根据双方协商的方法进行保管。所协商的方法，可作为本合同的附件。

第三条　保管期限
　　自____年____月____日至____年____月____日止。

倉庫寄託契約書

契約番号：＿＿＿＿＿＿
場　　所：＿＿＿＿＿＿
日　　付：＿＿年＿月＿日

寄託者：＿＿＿＿＿＿＿＿＿＿
住　所：＿＿＿＿＿＿＿＿＿＿　　　電　話：＿＿＿＿＿＿＿＿＿＿

受託者：＿＿＿＿＿＿＿＿＿＿
住　所：＿＿＿＿＿＿＿＿＿＿　　　電　話：＿＿＿＿＿＿＿＿＿＿

　『中国人民共和国契約法』と『倉庫保管契約実施細則』の関連規定に基づき、寄託者と受託者は寄託計画と倉庫容量の状況に従って、双方の合意を経て本契約書を締結する。

第一条　寄託する商品
　　品名：＿＿＿＿＿＿＿＿＿＿
　　仕様：＿＿＿＿＿＿＿＿＿＿
　　数量：＿＿＿＿＿＿＿＿＿＿
　　品質：＿＿＿＿＿＿＿＿＿＿
　　梱包：＿＿＿＿＿＿＿＿＿＿
　　表記：＿＿＿＿＿＿＿＿＿＿

第二条　寄託方法
　保管貨物に関連する規定に従って寄託する。具体的な保管規定のない商品については、双方の協議で決定した方法で寄託する。協議した方法は、本契約書の附属文書とする。

第三条　寄託期間
　＿＿年＿＿月＿＿日より＿＿年＿＿月＿＿日までとする。

第1章　商品販売に関する契約書

第四条　货物包装
1．存货方应按国家或专业标准规定负责货物的包装。对于没有包装标准的货物，可以在保证运输和储存安全的前提下，由合同当事人商议决定。
2．因包装不符合合同规定时所造成的货物损坏、变质，均由存货方自行负责。

第五条　验收项目和验收方法
1．为了保证保管质量，存货方必须向保管方提供必要的货物验收资料。如果存货方未提供必要的货物验收资料或提供的资料不齐全、不及时，所造成的验收差错及贻误索赔期或发生货物品种、数量、质量不符合合同的规定时，保管方不承担任何赔偿责任。
2．保管方应按照合同规定的包装外观、货物品种、数量和质量，对入库货物进行验收。如果发现入库货物与合同规定不符时，应及时通知存货方。否则，以此造成的实际经济损失，均由保管方负责。
3．货物验收期限为＿＿＿天。超过验收期限所造成的损失由保管方负责。验收期限是指货物和验收资料全部送至保管方之日起，至验收报告送出之日止。日期以运输或邮电部门的戳记或直接送达的签收日期为准。

第六条　存货的出入库
　　储存货的出入库应按出入库规定办理，或按双方协议办理。入库和出库时，双方代表或经办人都应在场，检验后的记录要由双方代表或经办人签字。该记录视为合同的有效组成部分，当事人双方各保存一份。

第七条　损耗标准和处理
　　关于损耗标准和损耗处理，应按有关规定办理，或按双方协议办理。

第八条　违约责任
1．存货方的责任
　①存货方不能按期存货时，应向保管方偿付保管费的＿＿＿％的违约金。
　②对于易燃、易爆、易渗漏、有毒等危险物品和特殊物品，存货方必须在合同中注明，并向保管方提供有关保管运输的技术资料，否则因此而造成的货物毁损或人身伤亡，均由存货方承担赔偿责任乃至追究刑事责任。
　③因存货方在接到保管方货物临近失效期或有异状的通知后不及时处理而造成的损失，由存货方承担。
　④超量储存或逾期不提货时，存货方除交纳保管费以外，还应偿付违约金＿＿＿元。
2．保管方的责任
　①由于保管方的责任，造成货物不能及时入库时，保管方应按合同规定赔偿存货方运费和支付违约金＿＿＿元。

第四条　商品梱包
1．寄託者は国あるいは専門業種の規定に従って商品の梱包を行うこと。梱包規定のない商品については、輸送と保管の安全性が保証できるという前提のもと、契約当事者の話し合いで決定する。
2．契約の規定に合わない梱包が原因で商品が損壊したり変質した場合、寄託者がその責任を負うものとする。

第五条　検査項目と検査方法
1．商品の品質状態を保証するため、寄託者は受託者に必要な検査資料を提供する。寄託者が必要な検査資料を提供しなかったり、提供資料が不完全であったり、提出が適時でなかったりしたことで、検査ミスが起きたり、損害賠償請求期限に遅れたり、商品の種類・数量・品質が契約の規定にそぐわなくなった場合、受託者はいかなる賠償責任も負わないものとする。
2．受託側は契約に定められた梱包の表記、商品の種類・数量・品質に従って、寄託商品の検査を行うこと。商品に契約規定にそぐわない点が見つかった場合にはただちに寄託者に知らせる。もしそのようにしなかった場合、それによってもたらされた経済的損失は受託者が負う。
3．検査期間は＿＿＿日間とする。検査期間の超過が原因でもたらされた損失は受託者が負担する。検査期間は、受託者に商品と検査資料が届いた日から検査報告提出日までとする。日付は、輸送部門あるいは郵便局の消印の日付、あるいは直接届けた際の受領日とする。

第六条　寄託商品の入荷および出荷
　商品の入荷および出荷は、入荷および出荷の規定に従うか、あるいは双方の話し合いに従うものとする。入荷および出荷の時には、双方の代表者あるいは担当者が立ち会い、検査後の記録に双方の代表者あるいは担当者が署名を行う。記録は契約書の構成部分として有効とみなし、当事者双方がそれぞれ1部を所持する。

第七条　損耗基準と対応
　損耗基準とその対応については、関連規定に従って、あるいは双方の話し合いに基づいて処理する。

第八条　違約責任
1．寄託者の責任
　①寄託者が期日通りに商品を寄託できない場合、受託者に寄託費の＿＿＿％に相当する違約金を支払う。

②对于危险物品和易腐货物，保管方不按合同规定的要求操作、储存，造成毁损时，应承担赔偿责任。
　　③货物在储存期间，由于保管不善而发生货物灭失、短少、变质、污染、损坏时，保管方应承担赔偿责任。如属包装不符合合同规定或超过有效储存期而造成货物损坏、变质的，保管方不担负赔偿责任。
　　④由保管方负责发运的货物，不能按期发货时，保管方应赔偿存货方逾期交货的损失；错发到货地点，除按合同规定无偿运到规定的到货地点外，还应赔偿存货方因此而造成的实际损失。
3．违约金和赔偿方法
　　①违反货物出入库规定时，当事人必须向对方交付违约金。违约金额为违约所涉及的那一部分货物的____个月保管费（或租金）或____倍的劳务费。
　　②因违约使对方蒙受经济损失时，如违约金不足抵偿实际损失，还应以赔偿金的形式补偿其差额部分。
　　③因违约行为而给对方造成损失的，一律赔偿对方实际损失。
　　④赔偿货物的损失，一律按照进货价格计算；不负责赔偿实物。

第九条　结算、付款方式
　　保管费按1天____元计算，一次付清。银行转账付款。

第十条　不可抗力
　　因不可抗力而发生的事故，直接影响合同的履行或者不能按约定的条件履行合同时，遇有不可抗力事故的一方，应立即将事故情况通知对方，并应在____天内，提供事故详情及合同不能履行、或者部分不能履行、或者需要延期履行理由的有效证明文件。此项证明应由事故发生地区的机构出具。按事故对履行合同影响的程度，由双方协商解决是否解除合同、或者延期履行合同。

第十一条　争议的解决方式
　　仓储保管合同发生纠纷时，当事人双方应协商解决；协商不成时，任何一方可向合同管理机关申请调解或仲裁，也可以直接向法院起诉。

第十二条　本合同未尽事宜、一律按《中华人民共和国合同法》、《仓储保管合同实施细则》执行。本合同一式两份，存货方保管方双方各执一份。

②燃えやすい、破裂しやすい、中身が漏れやすい、有毒である、といった危険物や特殊品の場合、寄託者は契約のなかに必ずそのことを明記し、受託者に保管・輸送に関する技術資料を提供する。もしそれを行わずに商品の破損や死傷事故が起きた場合は、寄託者が賠償責任や刑事責任を追及される。
　③商品の有効期限切れが近かったり、異常が見つかり、受託者が通知した後に寄託者がただちにこれを処理しなかった場合、それにかかる損失は寄託者の負担とする。
　④数量をオーバーしたり、期限を過ぎても倉出ししない場合、寄託者は寄託費用のほかに違約金＿＿＿＿＿元を支払う。
２．受託者の責任
　①受託者の責任で商品をただちに入庫できない場合、契約の規定に基づいて寄託者の輸送費を弁償し、違約金＿＿＿＿＿元を支払う。
　②危険物や腐りやすい商品について、契約に規定された要求に基づく取扱いや保管を行わなかったことで破損した場合、受託者が賠償責任を負う。
　③商品の寄託期間中に、保管の不備によって商品に紛失、数量不足、変質、汚染、破損が発生した場合、受託者が賠償責任を負う。梱包が契約の規定にそぐわなかったり、あるいは寄託の有効期限の超過が原因で商品の破損や変質が起こった場合には、賠償責任を負わない。
　④受託者は商品の発送を請け負い、期日通りに発送できない場合には、寄託者が納期に遅れることによる損失を賠償する。商品の引渡し場所を間違えた場合は、契約の規定に基づき、定められた引渡し場所まで無償で運ぶほか、寄託者がこのことで被った実際の損失額を賠償する。
３．違約金と賠償方法
　①入荷および出荷の規定に違反した場合、その当事者は相手側に違約金を支払う。違約金額は違約にかかわる部分の商品の＿＿＿か月分の寄託費用（あるいは賃貸料）、または労働報酬の＿＿＿倍とする。
　②違約が原因で相手側に経済的損失を与えてしまった場合、もし違約金が実際の損失額に満たなければ、賠償金の形で差額部分を補填する。
　③違約行為によって相手側に損失をもたらした場合、相手側に実際の損失額を賠償する。
　④損失の賠償額は仕入れ価格に基づいて計算する。現物での弁償は行わない。

第九条　決済、支払い方法
　　寄託費用は１日＿＿＿＿＿元とし、一括払いの口座振替とする。

第１章　商品販売に関する契約書

存　货　方：＿＿＿＿＿＿＿＿＿＿＿＿＿＿＿　公章
代　表　人：＿＿＿＿＿＿＿＿＿＿　章
开户银行：＿＿＿＿＿＿＿＿＿＿＿　　　　账号：＿＿＿＿＿＿＿＿＿

保　管　方：＿＿＿＿＿＿＿＿＿＿＿＿＿＿＿　公章
代　表　人：＿＿＿＿＿＿＿＿＿＿　章
开户银行：＿＿＿＿＿＿＿＿＿＿＿　　　　账号：＿＿＿＿＿＿＿＿＿

〈単語〉

仓储（cāngchǔ）倉庫に蓄える／**存货**（cúnhuò）商品をストックする、在庫品／**保管**（bǎoguǎn）保管する／**储存**（chǔcún）貯蔵する、蓄える／**货物**（huòwù）商品、品物／**品名**（pǐnmíng）品名／**规格**（guīgé）規格、仕様／**数量**（shùliàng）数量／**质量**（zhìliàng）品質／**包装**（bāozhuāng）梱包／**当事人**（dāngshìrén）当事者／**损坏**（sǔnhuài）損壊（する）／**验收**（yànshōu）検査／**资料**（zīliào）資料／**齐全**（qíquán）そろっている／**及时**（jíshí）適時である／**差错**（chācuò）ミス／**贻误**（yíwù）誤らせる、遅延する／**索赔期**（suǒpéiqī）損害賠償請求期限／**赔偿责任**（péicháng zérèn）賠償責任／**外观**（wàiguān）外観、外見、見かけ／**经济损失**（jīngjì sǔnshī）経済的損失／**验收期限**（yànshōu qīxiàn）検査期間／**邮电部门**（yóudiàn bùmén）郵便電信管理部門、郵便局／**戳记**（chuōjì）スタンプ／**签收日期**（qiānshōu rìqī）受領日／**出入库**（chūrùkù）出入庫／**经办人**（jīngbànrén）担当者／**在场**（zàichǎng）立ち会う／**损耗**（sǔnhào）損耗、消耗／**违约金**（wéiyuējīn）違約金／**易燃**（yì rán）燃えやすい／**易爆**（yì bào）破裂しやすい／**易渗漏**（yì shènlòu）漏れやすい／**有毒**（yǒudú）有毒である／**危险物品**（wēixiǎn wùpǐn）危険物／**特殊物品**（tèshū wùpǐn）特殊品／**毁损**（huǐsǔn）破損する／**刑事责任**（xíngshì zérèn）刑事責任／**失效**（shīxiào）失効する／**异状**（yìzhuàng）状態が異常である／**提货**（tíhuò）倉出しする／**交纳**（jiāonà）支払う、納付する／**易腐**（yì fǔ）腐りやすい／**灭失**（mièshī）紛失する／**短少**（duǎnshǎo）不足する／**变质**（biànzhì）変質（する）／**污染**（wūrǎn）汚染する／**发运**（fāyùn）積み出す、出荷する／**发货**（fāhuò）商品を発送する／**交货**（jiāohuò）納品、引き渡す／**租金**（zūjīn）賃貸料、リース料金／**劳务费**（láowùfèi）労働報酬／**抵偿**（dǐcháng）賠償する、補償する／**补偿**（bǔcháng）補償する、補填する／**差额**（chā'é）差額／**进货价格**（jìnhuò jiàgé）仕入れ価格／**结算**（jiésuàn）決済／**付款**（fùkuǎn）支払う／**银行转账**（yínháng zhuǎnzhàng）銀行振替／**不可抗力**（bùkěkànglì）不可抗力／**履行**（lǚxíng）履行する／**详情**（xiángqíng）詳細／**延期**（yánqī）延期する／**出具**（chūjù）書類を作成・発行する／**争议**（zhēngyì）争議／**纠纷**（jiūfēn）紛争、もめごと／**调解**（tiáojiě）調停する／**仲裁**（zhòngcái）仲裁する／**起诉**（qǐsù）起訴する、提訴する

第十条　不可抗力
　不可抗力が原因で発生した事故により、契約の履行に直接影響が出たり、あるいは定めた条件通りに契約を履行できない場合、事故に遭った側はただちに事故の状況を相手側に伝えること。また、事故の詳細と、契約が履行できない理由・一部履行できない理由・延期が必要となる理由の証明となる文書を、＿＿日以内に提出すること。この証明となる文書は事故が発生した地区の機関が発行したものとする。事故が契約の履行に影響する程度によって、双方は契約を解除するか、あるいは延期するかを話し合いで決定する。

第十一条　争議の解決方法
　倉庫寄託契約において争議が起きた場合、当事者双方が話し合いによって解決すること。話し合いで解決しない場合、いずれか一方が契約管理機関に調停あるいは仲裁を申し立てることができる。あるいは直接、裁判所に提訴することができる。

第十二条　本契約書に定めのない事項については『中華人民共和国契約法』『倉庫保管契約実施細則』に基づくものとする。本契約書は２通作成し、双方１部ずつを所持する。

寄　託　者：＿＿＿＿＿＿＿＿＿　印
代　表　者：＿＿＿＿＿＿＿＿＿　印
口座開設銀行：＿＿＿＿＿＿＿＿＿　　　　口座番号：＿＿＿＿＿＿＿＿＿

受　託　者：＿＿＿＿＿＿＿＿＿　印
代　表　者：＿＿＿＿＿＿＿＿＿　印
口座開設銀行：＿＿＿＿＿＿＿＿＿　　　　口座番号：＿＿＿＿＿＿＿＿＿

解説　　　　　　　　　　　　　　　　倉庫寄託契約書

　「倉庫寄託契約」は、寄託する貨物について、寄託者と保管者が調印する〈有償サービス契約〉である。貨物の梱包や品質は保管者の保管責任に繋がっているので、保管者は貨物の受取時に、契約に従って貨物をチェックし、寄託者に証書を発行しなければならず、また出荷時には、保管者は「無傷の貨物」として寄託者か、寄託者の指定した〈荷受人〉に引き渡さなければならない。貨物保管期日を定めた場合は、期限がくる前に、寄託者に期限通り出荷するよう通知しなければならない。寄託者が期限通りに出荷しない場合、保管者は保管費用の追加を請求するほか、寄託者に対して損害賠償責任を追及することができる。保管期限を指定していない場合、保管者は事前に保管費用を請求し、寄託者の要求に応じて出荷手続きを済ませなければならない。

1-8 委託販売契約書

委托销售合同

合同编号：_____
地　　点：_____
日　　期：___年__月__日

委托方（下称甲方）：_____
地址：_____　　电话：_____

代销方（下称乙方）：_____
地址：_____　　电话：_____

一、甲方委托乙方代销商品

商品名称	商标	规格	包装	重量	产地	每月可供数量	代销数量	价格	备注

二、商品代销价按双方协定方法计算（详见合同附件）。

三、商品包装
　　甲方负责按运输公司的规定包装商品。运输途中因包装引起的损失由甲方负责。如需要乙方代为进行商品包装的，其费用由甲方负责。

四、交货地点
　　凭乙方发货通知单，由甲方按发货通知单记明的时间、地点和收货人将商品运至购货单位。运输费用由甲方负担。

五、代销商品的数量
　　代销商品发货数量必须根据乙方通知。

委託販売契約書

委託販売契約書

　　　　　　　　　　　　　　　契約番号：＿＿＿＿＿＿＿
　　　　　　　　　　　　　　　場　　所：＿＿＿＿＿＿＿
　　　　　　　　　　　　　　　日　　付：＿＿＿年＿月＿日

委託人（以下、甲とする）：＿＿＿＿＿＿＿＿＿＿＿＿＿
住所：＿＿＿＿＿＿＿＿＿＿＿＿＿　電話：＿＿＿＿＿＿＿＿＿＿

代理販売人（以下、乙とする）：＿＿＿＿＿＿＿＿＿＿＿＿＿
住所：＿＿＿＿＿＿＿＿＿＿＿＿＿　電話：＿＿＿＿＿＿＿＿＿＿

一、甲が乙に代理販売を委託する商品

商品名称	商標	仕様	梱包	重量	産地	月の供給数	代理販売数	価格	付注

二、商品の代理販売価格は、双方の定めた方法に基づいて計算する。（詳しくは添付資料を参照）

三、梱包
　甲は、輸送会社の規定に従って商品の梱包を取り扱う。輸送途中で生じた損失については甲が責任を負う。乙が代わりに梱包した場合、それにかかる費用は甲が負担する。

四、納品
　乙の出荷通知書によって、甲は、出荷伝票に記されている時間と場所に従い、荷受人に商品を届ける。運送費用は甲が負担する。

五、代理販売数
　代理販売商品の発送数は乙からの通知に従うこと。

第 1 章　商品販売に関する契約書

六、代销商品的质量
　　商品的质量，由甲方负责。

七、代销期限
　　自＿＿＿年＿＿＿月＿＿＿日至＿＿＿年＿＿＿月＿＿＿日。代销期限终止后，未出售的代销商品，由双方协商处理。如延长代销期限，需另行协商。

八、手续费结算方法
　　按销货款总额的＿＿＿%收取手续费。待乙方收到货款后，3 天内给甲方结算并扣回代垫费用。逾期每天支付手续费总额的＿＿＿%的违约金。

九、责任
　　方代销商品应与样品相符，保质保量，代销数量、规格、价格，有效期内如有变更，甲方必须及时通知乙方。因质量或供应脱节而造成的损失和费用（包括手续费），均由甲方负责。

十、争议的解决
　　在本合同履行的过程中发生争议的，由双方当事人协商解决。协商不成的，可提请合同的履行地的仲裁委员会仲裁，也可向当地法院提起诉讼。

　　本合同自签订日起生效。合同一式两份，甲乙双方各执一份。

甲方：＿＿＿＿＿＿＿＿＿　公章　　　乙方：＿＿＿＿＿＿＿＿＿　公章
代表：＿＿＿＿＿＿＿＿＿　章　　　　代表：＿＿＿＿＿＿＿＿＿　章

〈単語〉

销售（xiāoshòu）販売／**委托**（wěituō）委託する／**代销**（dàixiāo）代理販売する／**产地**（chǎndì）産地／**交货地点**（jiāohuò dìdiǎn）納品場所／**发货通知单**（fāhuò tōngzhīdān）出荷通知書、出荷伝票／**手续费**（shǒuxùfèi）手数料／**货款**（huòkuǎn）商品代金／**扣回**（kòuhuí）差し引く／**代垫费用**（dàidiàn fèiyòng）立替え費用／**保质保量**（bǎozhì bǎoliàng）品質と数量を保証する／**质量**（zhìliàng）品質／**供应**（gōngyìng）供給／**脱节**（tuōjié）食い違う

六、品質
　商品の品質は、甲が保証する。

七、代理期間
　代理期間は、＿＿年＿＿月＿＿日から＿＿年＿＿月＿＿日までとする。代理期間が満了となった場合、未販売の商品については双方の協議で処理する。代理期間を延長する場合は別途協議とする。

八、手数料の精算方法
　商品代金総額の＿＿％を手数料として受け取る。乙は商品代金を受け取って３日以内に甲と代金の精算を行い、立替え費用を差し引く。期日を過ぎた場合は、１日過ぎるごとに手数料総額の＿＿％を違約金として支払う。

九、責任
　甲が委託する商品はサンプルと一致するものであり、その品質や数量を保証する。代理販売する数量・仕様・価格を契約の有効期間内に変更する場合、甲はただちに乙に知らせる。品質や供給の食い違いから生じた損失や費用（手数料を含む）は甲が負担する。

十、争議の解決
　本契約を履行するときに生じた争いについては、双方当事者は協議で解決する。協議で解決できない場合、契約履行地の仲裁委員会に仲裁を申し立てることができ、また当地の裁判所に訴訟を提起することができる。

　本契約書は締結した日より有効とする。２部作成して、甲乙双方がそれぞれ１部を所持する。

甲　　：＿＿＿＿＿＿＿＿＿　印　　　乙　　：＿＿＿＿＿＿＿＿＿　印
代表者：＿＿＿＿＿＿＿＿＿　印　　　代表者：＿＿＿＿＿＿＿＿＿　印

解説　　　　　　　　　　　　　　　　　　　　**委託販売契約書**

「委託販売契約書」とは、委託者が製品の代理販売を受託者に依頼する契約である。中国の〈契約法〉では、委託契約は内容に応じて〈特別委託〉と〈包括委託〉に分けられ、契約当事者の権利義務は同じだが委託される業務範囲に違いがある。この委託販売契約は〈特別委託〉の範囲で、単なる販売業務を受託者に依頼するもの。委託者は、代理販売する商品の品質と数量を決め、商品代金の回収、代理手数料の支払い、代理販売の期限などを決めなければならない。ちなみに、〈包括委託〉とは、委託者が受託者に全権代理の権限を与えることである。

第1章 商品販売に関する契約書

1-9 商品検査委託合意書

商品检验委托协议书

合同编号：_____
地　　点：_____
日　　期：____年__月__日

委托方：_____
地　址：_____　　　　电话：_____

检验方：_____
地　址：_____　　　　电话：_____

　　XX商品检验有限公司（以下简称检验方）接受委托方的书面检验委托。委托检验申请单（以下简称委托单）作为本协议的附件。
　　双方经协商，就以下条款制定本协议书。

一、委托方应如实填写委托单，并根据检验方的要求提供必要的单据及相关资料。

二、检验方按委托方在委托单上填明的检验要求进行检验，并出具检验报告。

三、委托方必须注明要求使用的检验方法。

四、检验时间原则上以检验方公布的时间为准，特殊情况由双方协商确定，并在委托单上注明。

五、检验费按有关规定（详见附件）计算。要求加急服务的，需支付加急费。

六、检验方接受委托方自送样品的检验，检验报告仅对样品负责。

七、检验方在接受委托时，须详细审核委托单内容。在确认委托方的委托及要求后，应填写委托单同一页上的"领证凭条"，并交付委托方。委托方凭

商品検査委託合意書

契約番号：＿＿＿＿＿＿＿＿
場　　所：＿＿＿＿＿＿＿＿
日　　付：＿＿年＿月＿日

委託者：＿＿＿＿＿＿＿＿＿＿＿
住　所：＿＿＿＿＿＿＿＿＿＿＿　　　電話：＿＿＿＿＿＿＿＿＿＿＿

受託者：＿＿＿＿＿＿＿＿＿＿＿
住　所：＿＿＿＿＿＿＿＿＿＿＿　　　電話：＿＿＿＿＿＿＿＿＿＿＿

　××商品検査有限公司（以下、受託者とする）は、委託者の書面による検査委託を引き受ける。委託検査申請書（以下、委託書とする）を本合意書の附属書類とする。
　双方の協議を経て、以下の通り本合意書を制定する。

一、委託者は委託書に偽りなく事実を記入し、受託者からの要求に従って必要な証明書や関連資料を提供すること。

二、受託者は委託者が委託書に記入した検査項目に従って検査を行い、検査報告書を提出する。

三、委託者は使用する検査方法を必ず記載すること。

四、検査期日は原則として受託者が出した日にちとし、特殊な場合は双方の話し合いで決定して委託書に記載すること。

五、検査費用は関連規定（附属文書を参照）に基づいて計算する。急を要する場合は特急料金を支払うこと。

六、受託者は委託者から送られたサンプルの検査を行い、検査報告ではサ

第 1 章　商品販売に関する契約書

　此条查询及索取检验报告。

八、检验方的检验报告要有固定的格式，并向委托方提供唯一正本。如对检验报告有特殊要求，委托方应在委托单的"备注"栏内注明。

九、检验报告原则上采用中文书写。如需采用其他语种，委托方应在委托单的"备注"栏内注明，检验方亦应用相应语种填写有关内容。

十、委托方如对检验结果有异议时，须在 1 个月内凭检验证书原件向检验方要求复检，检验方应于 7 日内安排复检。复检结果维持原检验结果的，委托方须按规定向检验方支付复检费。复检结果确认原检验结果有误时，检验方不再收取复检费。委托方对复检结果仍有异议，双方协商不成时，应委托仲裁机构仲裁。

　　以上协议以委托方代表人在委托单上签名盖章，检验方加盖受理章后生效。

委　托　方：＿＿＿＿　公章　　　检　验　方：＿＿＿＿　公章
委托方代表人：＿＿＿＿　章　　　检验方代表人：＿＿＿＿　章

〈単語〉

检验（jiǎnyàn）検査する／**接受**（jiēshòu）引き受ける／**附件**（fùjiàn）附属書類、添付資料／**如实**（rúshí）事実に基づいて／**单据**（dānjù）証明書／**出具**（chūjù）書類を作成・発行する／**加急费**（jiājífèi）特急料金／**样品**（yàngpǐn）サンプル、見本／**审核**（shěnhé）チェックする、審査する／**领证凭条**（lǐngzhèng píngtiáo）受領書付け／**查询**（cháxún）問い合わせる／**索取**（suǒqǔ）請求する／**格式**（géshì）書式、フォーマット／**正本**（zhèngběn）正本、原本／**备注**（bèizhù）備考／**语种**（yǔzhǒng）言語の種類／**异议**（yìyì）異議、反対意見／**复检**（fùjiǎn）再検査／**收取**（shōuqǔ）徴収する

ンプルに対してのみ責任を負うものとする。

七、受託者が検査委託を受ける際には、委託書の内容を詳しくチェックすること。委託者の委託や条件を確認した後、委託書と同一書面上の「受領書付け」に記入して委託者に渡す。委託者はこの受領証をもとに検査報告についての問合わせや請求を行う。

八、受託者の検査報告は決まったフォーマットを使用し、委託者に唯一の正本を提供する。検査報告に対して特殊な要求がある場合には、委託者は委託書の備考欄にその旨を明記すること。

九、検査報告は原則として中国語とする。その他の言語を使用する場合、委託者は委託書の備考欄にその旨を明記し、受託者は相応の言語で関連内容を記載すること。

十、委託者が検査結果に異議のある場合は、1か月以内に検査証明書の原本をもとに再検査を受託者に求め、受託者は7日以内に再検査の手配を行うこと。再検査の結果が最初の検査結果と変わらなかった場合、委託者が規定に従って受託者に再検査費用を支払うこと。再検査によって最初の検査結果の誤りがわかった場合、受託者は再検査費用を徴収しないものとする。委託者が再検査結果にそれでもまだ異議があり、双方の話し合いで解決しない場合には、仲裁機関に仲裁を委託すること。

以上の合意書は、委託者の代表が委託書に署名捺印し、受託者が受領印を捺印した後に発効する。

委託者：＿＿＿＿＿＿＿＿＿　印　　受託者：＿＿＿＿＿＿＿＿＿　印
代表者：＿＿＿＿＿＿＿＿＿　印　　代表者：＿＿＿＿＿＿＿＿＿　印

解説 ------------------------ **商品検査委託合意書**

商品検査業務に従事する会社は、国の主管官庁の許可を得てはじめて商品検査サービスを提供することができる。中国国内で流通する商品の検査を担当するのは、中国国家品質監督検査検疫管理部門に認可され設立した会社である。輸出入商品の検査を担当するのは、各港湾都市に設置される輸出入商品検疫機関であり、その他、専門的な検査機関もある。どの専門機関も、国が発行した営業許可証が必要で、委託契約を結ぶ際には、受託会社が許可証をもっているかどうか確認しなければならない。

1-10 新聞・雑誌広告委託請負契約書

报刊广告发布委托合同

合同编号：_____
地　　点：_____
日　　期：___年__月__日

广告主公司（以下称甲方）：_____
地址：_____　　　电话：_____

广告经营公司（以下称乙方）：_____
地址：_____　　　电话：_____

根据《中华人民共和国广告法》规定，甲乙双方就甲方委托乙方发布广告事宜签订本合同。

第一条　委托内容
1．广告种类：_____
2．广告内容：_____
3．广告字数：_____
4．广告面积：_____
5．广告位置：_____
6．广告起止日期：

第二条　甲方的权利和义务
1．根据本合同第一条的委托内容，甲方有权检查乙方制作的广告质量，如乙方制作的广告质量不符合本合同第一条规定时，甲方有权要求乙方在规定的时间内做出补充或修改；
2．甲方必须向乙方提供证明广告内容真实的资质证明、产品说明书及批准文件等材料，并对其材料的真实性、有效性、合法性承担全部责任；
3．甲方必须按本合同规定，按时向乙方支付广告费。

新聞・雑誌広告委託請負契約書

契約番号：＿＿＿＿＿＿
場　　所：＿＿＿＿＿＿
日　　付：＿＿年＿月＿日

広告委託主（以下、甲とする）：＿＿＿＿＿＿＿＿＿＿＿
住所：＿＿＿＿＿＿＿＿＿＿＿　電話：＿＿＿＿＿＿＿＿＿＿＿

広告会社（以下、乙とする）：＿＿＿＿＿＿＿＿＿＿＿
住所：＿＿＿＿＿＿＿＿＿＿＿　電話：＿＿＿＿＿＿＿＿＿＿＿

　『中華人民共和国広告法』の規定に基づき、甲が乙に広告制作を委託する件について、双方は本契約書を締結する。

第一条　委託内容
1．広告の種類：＿＿＿＿＿＿＿＿＿＿＿
2．広告内容：＿＿＿＿＿＿＿＿＿＿＿
3．文字数：＿＿＿＿＿＿＿＿＿＿＿
4．原稿サイズ：＿＿＿＿＿＿＿＿＿＿＿
5．広告位置：＿＿＿＿＿＿＿＿＿＿＿
6．広告掲載期間：＿＿＿＿＿＿＿＿＿＿＿

第二条　甲の権利と義務
1．本契約書第一条の委託内容に基づき、甲は乙の制作した広告の品質チェックを行うことができる。乙の制作した広告の品質が第一条の規定に適合しない場合、規定の期間内での補充あるいは修正を甲は乙に求めることができる。
2．甲は乙に広告内容が真実であることを証明する資格証書、商品説明書および許可書などの資料を提供し、その資料の信憑性、有効性、合法性に全面的な責任を負うこと。
3．甲は本契約書の規定に基づいて、期日通り乙に広告費を支払うこと。

第三条　乙方的权利义务
1．乙方必须按本合同第一条规定向甲方提供广告服务。如需删改广告文稿时，须征得甲方同意；
2．乙方有权要求甲方提供与广告内容相关的资质证明、产品说明及批准文件等材料。如甲方拒不提供，乙方有权拒绝为其发布广告，并要求甲方赔偿经济损失；
3．乙方有权要求甲方按时支付广告费。

第四条　设计与制作
　　乙方按照甲方的要求设计制作广告样稿后，应将样稿提交甲方确认。未经乙方允许，甲方不可把乙方的设计稿在任何媒体上擅自发表。

第五条　违约责任
1．如乙方未能在本合同规定时间内为甲方提供广告服务，延迟1天，应支付相当于广告费用总额____%的违约金；如超过____天，甲方有权要求终止合同，乙方应向甲方退回全部预付款。
2．如甲方未能在本合同规定的时间内，向乙方支付预付款及余款时，延迟1天，应承担相当于广告费总额____%的违约金；如超过____天，乙方有权要求终止合同。
3．因甲方提供虚假的资质证明、产品说明等而引发的一切法律、经济责任，都将由甲方负责，并由甲方向乙方赔偿以此造成的一切经济损失。

第六条　广告费及付款办法
1．广告制作单价_____元，加急费_____元，播出（刊登）次数_____，总计_____元。
2．自本合同签订日起_____个工作日内，甲方须向乙方支付广告费总额____%的预付款。
3．在乙方发布广告之日起的_____个工作日内，甲方须向乙方支付广告费的全部余款。

第七条　保密义务
　　双方承诺，为执行本合同而提供给对方的任何技术产品或资料，除非提供方明确说明其为公开技术外，均属于提供方的商业秘密。若发生泄密，泄密者一方将承担全部法律责任。

第八条　争议解决
　　在合同执行中发生异议时，可通过_____仲裁委员会仲裁，或向_____法院起诉。

第三条　乙の権利と義務
1．乙は本契約書第一条の規定に基づいて甲に広告業務を提供する。広告の草稿を修正する必要がある場合、甲の同意を得なければならない。
2．乙は甲に対して広告内容に関する資格証書、商品説明書および許可書などの資料の提供を求めることができる。甲が提供を拒んだ場合、乙は広告の発表を拒否し、経済的損失の賠償を甲に求めることができる。
3．乙は期日通りに広告費を支払うよう甲に求めることができる。

第四条　デザインと制作
　乙は、甲の要求に従って広告見本を制作した後、確認のためにその見本を甲に提出すること。乙の許可がない限り、甲は、乙のデザインした広告を勝手にいかなる媒体にも発表してはならない。

第五条　違約責任
1．本契約書に定めた期日内に乙が甲に広告業務を提供できない場合、1日遅延するごとに、広告費総額の＿＿＿％にあたる違約金を支払うこと。＿＿＿日を超えた場合、甲は契約を解除することができ、乙は甲に前払い金全額を払い戻さなければならない。
2．本契約書に定められた期日までに、甲が乙に前払い金および残金を支払えない場合、1日遅延するごとに広告費総額の＿＿＿％にあたる違約金を支払うこと。遅延が＿＿＿日を超えた場合、乙は契約解除を求めることができる。
3．甲が虚偽の資格証書や商品説明などの資料を提供したことで起きた法的、経済的な責任については、甲がすべて負うものとする。また、それによってもたらされた経済的損失を甲は乙に賠償する。

第六条　広告費および支払方法
1．広告制作単価は＿＿＿＿元、特急料金＿＿＿＿元、放送（掲載）回数＿＿＿＿回、計＿＿＿＿元とする。
2．本契約書の締結日より＿＿＿＿営業日以内に、甲は広告費総額の＿＿＿＿％にあたる前払い金を乙に支払うこと。
3．乙が広告を発表した日より＿＿＿＿営業日以内に、甲は広告費の残金を乙に支払うこと。

第七条　機密保持
　本契約を履行するにあたって相手側に提供する技術製品や資料については、それが公開技術であると提供する側が明言しないかぎり、すべて提供する側の企業機密であることを甲乙双方は承諾する。機密を漏洩した場合、

第 1 章　商品販売に関する契約書

第九条　其他条款
_____

　　　本合同一式两份，经双方代表人签字后生效。

甲方代表人：_____　　章
开 户 银 行：_____
账　　　号：_____

乙方代表人：_____　　章
开 户 银 行：_____
账　　　号：_____

〈単語〉

广告（guǎnggào）広告／**广告经营公司**（guǎnggào jīngyíng gōngsī）広告会社／**种类**（zhǒnglèi）種類／**字数**（zìshù）文字数／**面积**（miànjī）面積／**位置**（wèizhi）位置／**起止日期**（qǐzhǐ rìqī）開始日と終了日／**质量**（zhìliàng）品質／**补充**（bǔchōng）補充、補足／**修改**（xiūgǎi）修正（する）／**资质证明**（zīzhì zhèngmíng）会社謄本、営業許可証、個人の資格書など各種の公的証明書、資格証書／**产品说明书**（chǎnpǐn shuōmíngshū）商品説明書／**广告费**（guǎnggàofèi）広告料／**延迟**（yánchí）遅延する／**违约金**（wéiyuējīn）違約金／**终止**（zhōngzhǐ）終了する、やめる／**退回**（tuìhuí）返却する／**预付款**（yùfùkuǎn）前払い金／**余款**（yúkuǎn）残金／**单价**（dānjià）単価／**加急费**（jiājífèi）特急料金／**播出（刊登）次数**（bōchū kāndēng cìshù）放送（掲載）回数／**工作日**（gōngzuòrì）営業日／**保密**（bǎomì）機密保持、機密を守る／**公开技术**（gōngkāi jìshù）公開技術／**泄密**（xièmì）機密を漏洩する／**争议**（zhēngyì）争議、論争／**仲裁**（zhòngcái）仲裁する／**起诉**（qǐsù）起訴する、提訴する

漏洩した側がすべての法的責任を負うものとする。

第八条　争議の解決
　契約の履行にあたって争議が発生した場合、＿＿＿＿＿仲裁委員会に仲裁を申し立てるか、または＿＿＿＿＿裁判所に訴訟を提起することができる。

第九条　その他
　＿＿＿＿＿＿＿＿＿＿＿＿＿＿＿＿＿＿＿

　本契約書は 2 部作成し、双方の代表者が署名した後に発効する。

甲　代　表　者：＿＿＿＿＿＿＿＿＿＿＿＿＿＿　印
口座開設銀行：＿＿＿＿＿＿＿＿＿＿＿＿＿＿
口　座　番　号：＿＿＿＿＿＿＿＿＿＿＿＿＿＿

乙　代　表　者：＿＿＿＿＿＿＿＿＿＿＿＿＿＿　印
口座開設銀行：＿＿＿＿＿＿＿＿＿＿＿＿＿＿
口　座　番　号：＿＿＿＿＿＿＿＿＿＿＿＿＿＿

解説　　　　　　　　　　　　新聞・雑誌広告委託請負契約書

　広告の委託製作は知的財産権にかかわるものであり、まずは委託側の知的財産権の保護、次に、乙が甲のために製作した広告によって生じた知的財産権の保護問題がある。そのため、契約においては、知的財産権の保護に関する条項の取り決めが非常に重要となる。また、広告の内容は、「広告法」の規定に照らしたものでなければならない。「広告法」に違反し、偽りの広告を製作すれば広告詐欺につながる。したがって、広告会社は受託する際、委託側に対して広告物に関する説明資料の提供を求め、必要な場合、国が発行した許可書類の提供を要求すべきである。

《第2章》

会社管理に関する契約書

2-1 コピー機リース契約書

复印机租用合同

合同编号：_____
地　　点：_____
日　　期：___年__月__日

甲方（承租方）：_____
地址：_____　　电话：_____

乙方（出租方）：_____
地址：_____　　电话：_____

经双方协商，乙方同意将复印机出租给甲方使用并签订以下合同，共同遵守。

第一条　复印机的品牌、型号及其他
　　品　　牌：_____复印机 1 台
　　生 产 厂 家：_____
　　型　　号：_____
　　附　　件：_____
　　已使用张数：_____
　　机 身 编 码：_____

第二条　押金
　　甲方应交纳人民币_____元，作为押金。（合同期满不计利息退还甲方）

第三条　合同期限
1．本合同自____年____月____日至____年____月____日止；
2．期满前 2 个月，双方应相互通知对方是否继续延长合同或重新办理合同。

第四条　服务内容
1．乙方免费为甲方提供整机的日常保养、维修以及在使用中所需的零配件

コピー機リース契約書

契約番号：＿＿＿＿＿＿
場　　所：＿＿＿＿＿＿
日　　付：＿＿＿年＿＿月＿＿日

甲（賃借人）：＿＿＿＿＿＿＿＿＿＿＿
住所：＿＿＿＿＿＿＿＿＿＿＿　　電話：＿＿＿＿＿＿＿＿＿＿＿

乙（賃貸人）：＿＿＿＿＿＿＿＿＿＿＿
住所：＿＿＿＿＿＿＿＿＿＿＿　　電話：＿＿＿＿＿＿＿＿＿＿＿

　甲乙双方の協議を経て、乙は甲へのコピー機のリースに同意し、以下の契約書を締結して、ともにこれを遵守する。

第一条　機種、型番、その他
　　機　　種：＿＿＿＿＿＿コピー機１台
　　メーカー：＿＿＿＿＿＿＿＿＿＿＿＿
　　型　　番：＿＿＿＿＿＿＿＿＿＿＿＿
　　付 属 品：＿＿＿＿＿＿＿＿＿＿＿＿
　　現在のコピーカウント数：＿＿＿＿＿
　　製造番号：＿＿＿＿＿＿＿＿＿＿＿＿

第二条　保証金
　　甲は＿＿＿＿＿元を保証金として支払うこと。（これは契約満了時に無利息で甲に返金される）

第三条　契約期間
　１．本契約は＿＿＿年＿＿＿月＿＿＿日から＿＿＿年＿＿＿月＿＿＿日までとする。
　２．契約満了の２か月前に、契約を継続するか、新たに契約を結ぶか、双方は互いに相手側に知らせること。

和消耗材料（除纸张外）；
2．复印机发生故障时，甲方应马上通知乙方，乙方接到通知后6个工作小时之内为甲方免费维修及更换零配件；
3．乙方在24小时内如未能修复机器，乙方将为甲方替换机器（机型可能与原来不同）。

第五条　免责事宜
　　　　租用期内乙方不承担由以下原因造成机器故障的责任：
1．由于地震、水灾、房屋倒塌等意外事故造成机器发生故障；
2．甲方的操作错误或故意行为使机器发生故障；
3．非本公司维修人员维修及使用非规定的消耗材料而造成的故障。

第六条　收费标准及费用结算
1．每月基本印数为＿＿＿＿张，基本月租费＿＿＿＿元；
2．每月复印数超出＿＿＿＿张以上，按＿＿＿＿元／张收取租印费；
3．乙方凭甲方实用张数开具账单，甲方接到账单后7天内将款项付清或转入乙方账户内；否则乙方有权从押金中扣取款项，并按违约处理。

第七条　违约责任
1．如乙方无故终止本合同或未能履行维修通知的基本要求，扣除1个月的月租费；
2．如甲方中途退租，作为违约金，应支付1个月的月租费；乙方有权收回所有未收款项、复印机及附件。

第八条　其他事宜
1．租用合同自双方签字之日起生效，双方应自觉遵守有关条款和规定；
2．如有未尽事宜，双方可协商解决；
3．本合同一式两份，双方各执一份。

甲　方：＿＿＿＿＿＿＿＿　公章　　乙　方：＿＿＿＿＿＿＿＿　公章
代表人：＿＿＿＿＿＿＿＿　章　　　代表人：＿＿＿＿＿＿＿＿　章

第四条　保守サービス
1．乙は甲に対して、コピー機本体の日常的なメンテナンスや修理、必要な部品や消耗品（コピー用紙を除く）を無償で提供する。
2．コピー機が故障した場合、甲はすぐに乙に知らせ、乙は知らせを受けてから6営業時間以内に無償で修理および部品交換を行うこと。
3．乙が24時間以内にコピー機を修復できない場合、乙はコピー機を交換すること。（型が同じでなくても可）

第五条　免責事項
　リース期間中、乙は以下の原因による故障の責任を負わないものとする。
1．地震、水害、家屋倒壊など不慮の災難による故障。
2．甲の操作ミスあるいは故意の行為による故障。
3．乙のメンテナンススタッフ以外の者が修理したり、規定外の消耗品を使用したことによる故障。

第六条　料金および支払い
1．毎月の基本印刷枚数は_____枚、リース料金は月あたり_____元とする。
2．ひと月の印刷枚数が_____枚を超える場合、1枚あたり_____元を徴収する。
3．乙は甲の使用コピーカウント数に基づいて請求書を発行し、甲はそれを受領してから7日以内に料金を直接支払うか、乙の指定口座に振り込む。料金を支払わない場合、乙は保証金のなかから料金を差し引き、違約として処理することができる。

第七条　違約責任
1．乙が理由なく本契約を解除したり、修理依頼通知の基本的な要求を履行できない場合、リース料金の1か月分を差し引く。
2．甲がレンタル契約を途中で解除した場合、リース料金の1か月分を違約金として払う。その場合、乙は未払い金、コピー機、付属品を回収する権利をもつ。

第八条　その他
1．レンタル契約は双方が署名した日より有効とし、双方は関連条項や規定を遵守すること。
2．ここに定めのない事項については、双方の話し合いによって解決する。
3．本契約書は2部作成し、それぞれ1部を所持する。

第2章　会社管理に関する契約書

〈単語〉

复印机（fùyìnjī）コピー機／**出租**（chūzū）リース、レンタル、賃貸する／**品牌**（pǐnpái）機種／**型号**（xínghào）型番／**附件**（fùjiàn）付属品、部品／**张数**（zhāngshù）枚数／**机身编码**（jīshēn biānmǎ）製造番号／**押金**（yājīn）保証金／**交纳**（jiāonà）支払う、納付する／**期满**（qīmǎn）満期になる／**利息**（lìxī）利息、利子／**免费**（miǎnfèi）無料／**整机**（zhěngjī）機械本体／**日常保养**（rìcháng bǎoyǎng）日常の手入れ、メンテナンス／**维修**（wéixiū）修理、修繕、メンテナンス／**零配件**（língpèijiàn）部品、パーツ／**消耗材料**（xiāohào cáiliào）消耗品／**故障**（gùzhàng）故障する／**更换**（gēnghuàn）取り替える／**修复**（xiūfù）修復する／**替换**（tìhuàn）交換する／**免责事宜**（miǎnzé shìyí）免責事項／**租用期**（zūyòngqī）レンタル期間、リース期間／**地震**（dìzhèn）地震／**水灾**（shuǐzāi）水害／**房屋倒塌**（fángwū dǎotā）家屋倒壊／**维修人员**（wéixiū rényuán）メンテナンススタッフ／**基本印数**（jīběn yìnshù）基本印刷枚数／**月租费**（yuèzūfèi）月あたりのリース料／**收取**（shōuqǔ）徴収する／**开具**（kāijù）作成する／**账单**（zhàngdān）請求書／**款项**（kuǎnxiàng）金、金額／**账户**（zhànghù）銀行口座

コピー機リース契約書

甲　　　：_____　印　　　乙　　　：_____　印
代表者：_____　印　　　代表者：_____　印

解説 ------------------------------ コピー機リース契約書 -

　これは、〈物品の賃貸契約〉であり、一般的な〈物品の賃貸契約〉における必要条件として、まず貸主（賃貸者）は、賃貸物の所有権者か使用権者であることのほか、次の４つの条件、１）当事者は法定の資格を有すること、２）契約内容が法律に違反しないこと、３）当事者が表明する意思は真実であること、４）契約の書式は法律に定めた書式であること、を満たしていなければならない。契約書には、借主（賃借者）は賃貸物を注意深く使用し、通常的な保守をする義務があることを明記する必要がある。借主の過失で賃貸物が壊れた場合、借主は対価で賠償すべきであり、借主は、契約の規定によって賃貸料を支払う。ただし、当然ながら貸主は良質な賃貸物を貸し出さなくてはならない。

第2章　会社管理に関する契約書

2-2 自動車リース契約書

租车合同

合同编号：_____
地　　点：_____
日　　期：___年__月__日

出租方：_____
地　址：_____　　电话：_____

承租方：_____
地　址：_____　　电话：_____

出租方根据承租方的需要，就租车一事，双方经协商订立如下条款。

第一条　出租方同意将_____车辆连同司机一起租给承租方使用。
1．车制造厂商：_____
　　品　　牌：_____
　　颜　　色：_____
　　生产日期：_____
2．司机为___性，具有___年的驾驶经验。
3．所用燃料及车检、有关保险费用由承租方负担；人身保险费由出租方负责。

第二条　租用期定为___月(年)。自___年___月___日起至___年___月___日止。如果中途退租，应在5天前通知出租方，否则按合同的规定照收租费并将车辆调回出租方。承租方需要继续使用时，可续签本合同。

第三条　租金每月为_____元，从合同生效日起计算，每月结算1次，按月租用，不足1个月按1个月收费；租金内包括司机基本工资，但是司机在承租方的超时工作及从事长途运输等所应获得的加班工资及补贴津贴等一律按照承租方员工的同等待遇，由承租方支付。

自動車リース契約書

　　　　　　　　　　　　　　　　契約番号：＿＿＿＿＿＿＿
　　　　　　　　　　　　　　　　場　　所：＿＿＿＿＿＿＿
　　　　　　　　　　　　　　　　日　　付：＿＿年＿月＿日

賃貸人：＿＿＿＿＿＿＿＿＿＿＿＿＿
住所：＿＿＿＿＿＿＿＿＿＿＿＿＿　　　電話：＿＿＿＿＿＿＿＿＿＿＿

賃借人：＿＿＿＿＿＿＿＿＿＿＿＿＿
住所：＿＿＿＿＿＿＿＿＿＿＿＿＿　　　電話：＿＿＿＿＿＿＿＿＿＿＿

　賃貸人は賃借人のニーズに基づき、車の賃借について、双方の話し合いを経て、以下の条項を定める。

第一条　賃貸人は＿＿＿＿＿＿の車両を運転手とセットで賃借人にリースすることに同意する。
　1．自動車メーカー：＿＿＿＿＿＿＿＿
　　　ブランド：＿＿＿＿＿＿＿＿＿＿＿
　　　ボディカラー：＿＿＿＿＿＿＿＿＿
　　　製造年：＿＿＿＿＿＿＿＿＿＿＿＿
　2．ドライバーは、性別＿＿で、＿＿年の経歴を有する。
　3．燃料と車検、保険の費用は賃借人の負担とする。生命保険は賃貸人の負担とする。

第二条　リース期間は、＿＿年＿＿月＿＿日から＿＿年＿＿月＿＿日までの＿＿か月（年）とする。賃借人がリース契約を途中で解約する場合は、5日前に賃貸人に通知すること。事前に通知がない場合、契約の規定に従ってリース料金を徴収し、車両を引き上げる。賃借人が引き続きリースする場合、本契約を更新することができる。

第三条　リース料金は月あたり＿＿＿＿＿＿元とする。契約の発効日より起算し、

第2章　会社管理に関する契約書

第四条　承租方租用的车辆只限于运载＿＿＿＿＿＿＿；承租方享有调度权；但车辆的安全行驶、技术操作等均由出租方司机负责。

第五条　承租方应对所租车辆进行维护保养。车辆设备如有属于保险范围之外的损坏，承租方应负责修复并承担修理费用。因出租方所派司机驾驶不当而造成损坏的由出租方负责修理；由于出租方的过错致使承租方不能按合同规定正常使用租赁车辆时，承租方可以不支付使用期间的租费，并有权向出租方要求支付每天＿＿＿＿＿元的违约金，出租方应予以支付。

第六条　在车辆租赁期间，出租方不得擅自将车调回，否则将按租金的双倍赔偿承租方。承租方必须按合同规定的时间和租金额付款，否则，每逾期1天，加罚1天的租金。

第七条　其他未尽事项，由双方协商，另订附件。

第八条　本合同一式两份，双方各执正本一份。

出租方：＿＿＿＿＿＿＿＿　公章　　承租方：＿＿＿＿＿＿＿＿　公章
代表人：＿＿＿＿＿＿＿＿　章　　　代表人：＿＿＿＿＿＿＿＿　章

〈単語〉

租车（zūchē）車をレンタルする／**车辆**（chēliàng）車／**司机**（sījī）運転手／**燃料**（ránliào）燃料／**保险费**（bǎoxiǎnfèi）保険料／**租用期**（zūyòngqī）レンタル期間、リース期間／**照收**（zhàoshōu）そのまま料金を取る／**调回**（diàohuí）呼び戻す／**租金**（zūjīn）賃貸料、リース料金／**基本工资**（jīběn gōngzī）基本給／**超时工作**（chāoshí gōngzuò）時間外労働／**长途运输**（chángtú yùnshū）長距離輸送／**加班工资**（jiābān gōngzī）残業代／**补贴津贴**（bǔtiē jīntiē）手当／**待遇**（dàiyù）待遇／**支付**（zhīfù）支払う／**运载**（yùnzài）運送／**调度权**（diàodùquán）配車権／**安全行驶**（ānquán xíngshǐ）安全運転／**维护保养**（wéihù bǎoyǎng）メンテナンス／**修理费用**（xiūlǐ fèiyòng）修理費用／**驾驶**（jiàshǐ）運転／**过错**（guòcuò）過失、ミス／**赔偿**（péicháng）賠償する、弁償する／**付款**（fùkuǎn）支払う

毎月1度決済を行う。リースは月単位とし、1か月に満たない場合は1か月として計算する。燃料や保険に関する費用はすべて賃借人が負担する。リース料金には運転手の基本給が含まれるものとする。ただし、運転手が超過勤務や長距離輸送で得るべき残業代や手当などは、賃借人の従業員と同等の待遇とし、賃借人が支払うものとする。

第四条　賃借人のリースした車両の使用は＿＿＿＿＿＿＿の輸送に限られる。賃借人は配車権を有するものとする。ただし、車両の安全な運転、操作などは賃貸人の運転手がすべて責任を負うものとする。

第五条　賃借人はリース車両のメンテナンスを行うこと。車両設備に保険の範囲外の破損があった場合には、賃借人が修理し、修理にかかった費用を負担すること。賃貸人の派遣した運転手の運転が原因で破損した場合には、賃貸人が修理を行う。賃貸人の過失が原因で、賃借人が契約の規定通りにリース車両を正常に使用できない場合、賃借人は使用期間のリース料金を支払わなくてよく、また賃貸人に1日あたり＿＿＿＿元の違約金を要求する権利をもち、賃貸人はこれを支払わなければならない。

第六条　自動車の賃貸期間に、賃貸人は無断で車両の引き上げを行ってはならない。もしこれを守らなかった場合、リース料金の倍額を賠償金として賃借人に支払うこと。賃借人は契約に定められた期日に定められた金額を支払うこと。これを守らなかった場合、支払いが1日遅れるごとに1日分のリース料金を罰金として課す。

第七条　その他、定めのない事項については双方で協議し、別途附属文書を制定する。

第八条　本契約書は2部作成し、それぞれが正本1部を所持する。

賃貸人：＿＿＿＿＿＿＿＿＿＿　印　　賃借人：＿＿＿＿＿＿＿＿＿＿　印
代表者：＿＿＿＿＿＿＿＿＿＿　印　　代表者：＿＿＿＿＿＿＿＿＿＿　印

解説 - **自動車リース契約書**

自動車リース契約では、安全のため、貸主（賃貸者）の提供する車は安全検査をパスした車でなければならない。貸主の過失によって借主（賃借者）に損失をもたらした場合、貸主は損害賠償責任を負うことになる。一方、借主の過失によって車が破損するなどした場合には、借主が損害賠償責任を負う。

2-3 不動産管理業務委託契約書

物业管理合同

合同编号：_____
地　　点：_____
日　　期：___年__月__日

委 托 方（下称甲方）：_____
地址：_____　　电话：_____

受 托 方（下称乙方）：_____
地址：_____　　电话：_____

　　为了加强本物业管理，保障房屋和附属设备、设施的正常使用，根据有关物业管理的法规、政策，双方经友好协商，达成以下协议。

第一条　管理内容
　　甲方将位于_____区_____路的_____物业委托给乙方实行统一管理。其管理内容为：
1．房屋建筑本体共用部位的维修、养护和管理；
2．房屋建筑本体共用设施、设备及场所（上下水管道、供水设备、配电系统、共用照明、中央空调、电梯、消防、自行车房棚、停车场、道路、走廊、绿化等）的维修、养护、管理和运行；
3．公共环境（包括公共场地、房屋建筑物共用部位）的清洁卫生、垃圾的收集、清运（不包括垃圾运到中转站后的工作）；
4．配合和协助当地公安机关进行安全监控和巡视等保安工作(但不含人身、财产保险保管责任)；
5．配套服务设施（健身房、游泳池、便利店等）的维修、养护和管理；
6．行车和停车管理；
7．文化娱乐活动；
8．物业档案的管理；
9．授权给物业管理公司的其他管理事项。

不動産管理業務委託契約書

契約番号：＿＿＿＿＿＿
場　　所：＿＿＿＿＿＿
日　　付：＿＿年＿月＿日

委託者（以下、甲とする）：＿＿＿＿＿＿＿＿＿＿＿
住所：＿＿＿＿＿＿＿＿＿＿＿＿　　電話：＿＿＿＿＿＿＿＿＿＿＿

受託者（以下、乙とする）：＿＿＿＿＿＿＿＿＿＿＿
住所：＿＿＿＿＿＿＿＿＿＿＿＿　　電話：＿＿＿＿＿＿＿＿＿＿＿

　本不動産物件の管理を強化し、建物や付帯設備・施設が正常に使用されることを保証するため、不動産管理の関連法規や政策に基づき、双方は友好的な話し合いを経て、以下の合意に達した。

第一条　管理内容
　甲は、＿＿＿＿区＿＿＿＿路にある＿＿＿＿不動産物件の管理業務を乙に委託する。管理業務内容は以下の通りとする。
1．建物共用部分の修繕、補修、管理。
2．建物の共用施設や設備など（上下水道管、給水設備、配電系統、共用照明、セントラル空調システム、エレベータ、消防設備、駐輪場、駐車場、道路、廊下、植栽など）のメンテナンス、補修、管理、運営。
3．エリア内（共用スペース、建物共用部分）の清掃、ゴミの収集・輸送（ただし、中継所に運んだ後の作業は含まず）。
4．現地公安機関によるセキュリティ・モニタリングやパトロールなど保安業務への協力や援助（ただし、人身保険や財産保険の保管責任は含まず）。
5．付帯サービス施設（フィットネスジム、プール、コンビニエンスストア等）のメンテナンス、補修、管理。
6．車輌の通行および駐車管理。
7．イベント活動。

第2章　会社管理に関する契約書

第二条　合同期限

本合同期限为____年；自____年____月____日起，至____年____月____日止。

第三条　甲方的权利及义务

1．与乙方共同议定年度管理计划、年度费用预算及决算报告；
2．向乙方提供管理用房_____平方米（其中办公用房_____平方米，员工宿舍_____平方米，其它用房_____平方米），月租金为人民币_____元；
3．向乙方提供经营性商业用房_____平方米，由乙方按每月租金人民币____元标准出租经营，其收入用于补贴本物业的维护管理费用；
4．负责确定管理服务费的收费标准；
5．向乙方提供本物业工程建设竣工资料一套，并在乙方管理期满时予以收回；
6．委托乙方对违反物业管理规章制度的行为进行处理；包括责令停止违章行为、要求赔偿经济损失及支付违约金等；
7．负责处理非乙方原因而产生的各种纠纷，协助乙方做好物业管理工作；
8．不得干涉乙方依法或依本合同规定内容所进行的管理和经营活动；
9．对本物业的财务状况进行财务审计，甲方有权指定专业审计机构；
10．法规所规定的应由甲方承担的其他责任。

第四条　乙方的权利及义务

1．根据有关法律规定，制订物业管理的各项规章制度；
2．按物业管理的服务项目、服务内容提出物业管理服务收费标准的预算，并向甲方提供计算依据。要严格按合同规定的收费标准收取各项服务费，不得擅自加价，不得只收费不服务或多收费少服务；
3．对房屋及附属设施、设备的大、中型修理必须事先制订维修方案，报甲方审议通过后，方可实施；
4．根据本合同的规定，有权对违反物业管理规章制度的行为进行处理；
5．有权选聘专营公司承担本物业的专项管理业务并支付费用，但不得将整体管理责任及利益转让给其他个人或单位，不得将重要专项业务承包给个人；
6．接受甲方的财务监督，每月向甲方报送1次财务报表；
7．不得擅自占用本物业的共用设施或改变其使用功能，如需改扩建完善配套项目，须报甲方和有关部门批准后方可实施；
8．建立本物业管理档案并负责记载有关变更情况；
9．本合同终止时，乙方必须向甲方移交原委托管理的全部物业、各类管理档案、财务等资料；移交本物业的公共财产，包括用管理费、公共收入积累形成的资产。

8．物件関連資料の管理。
9．管理会社に権限を与えられたその他の管理事項。

第二条　契約期間
　契約期間は＿＿年＿＿月＿＿日から、＿＿年＿＿月＿＿日までの＿＿年とする。

第三条　甲の権利と義務
1．乙と共同で年次管理計画、年次予算、決算報告を定める。
2．乙に管理業務用スペース＿＿＿＿平方メートル（うち、事務所用として＿＿＿＿平方メートル。従業員宿舎＿＿＿＿平方メートル、その他＿＿＿＿平方メートル）を提供する。賃貸料は月＿＿＿＿元とする。
3．乙に店舗用スペース＿＿＿＿平方メートルを提供し、乙は月あたり＿＿＿＿元でテナントに貸し、その収入は本物件の維持管理費用の補填にあてる。
4．管理費用の徴収基準の確定を行う。
5．乙に本物件の竣工資料一式を提供し、乙の管理期間の満了時に回収する。
6．不動産管理規定に違反する行為への対処を乙に委託する。違反行為の停止、経済的損失の賠償、違約金の支払いなどを求めることを含む。
7．乙ではない原因によって生じた各種争議の処理を行い、乙の管理業務に協力する。
8．法規や本契約書規定に基づいて乙が行う管理業務や経営活動に干渉してはならない。
9．本物件の財務状況に対する会計監査を行うとき、甲は専門の監査機関を指定する権利をもつ。
10．条例に定められた甲のその他の負うべき責任。

第四条　乙の権利と義務
1．関連法規に基づき、不動産管理規定を制定する。
2．不動産管理業務の項目や内容に基づいて管理費用の徴収基準を算出し、その計算の根拠を甲に提出する。契約に定められた徴収基準に厳格に基づいて各費用を徴収し、無断で値上げしてはならない。また料金だけ徴収して業務を行わなかったり、業務にみあわない高額の料金を徴収してはならない。
3．建物や付帯施設・設備の大規模、中規模修繕は、事前に修繕プランを制定して、甲の審議を経てから実施すること。
4．本契約書の規定に基づき、不動産管理規定に違反する行為に対処する

第五条　管理目标
　　乙方根据甲方的委托管理内容制定本物业"管理分项标准"（各项维修、养护和管理的工作标准和考核标准），与甲方协商同意后作为本合同的附件。乙方承诺，在本合同生效后，年内达到管理标准，并获得政府主管部门颁发的证书。

第六条　管理服务费的支付
1．本物业的管理服务费按下列第____项执行：
　　①按甲乙双方协商的标准向住用户收取物业管理费，即每月每平方米建筑面积人民币_____元；
　　②由甲方按统一标准直接支付给乙方，即每年（月）每平方米建筑面积人民币_____元。
2．支付期限：每月底或1年2次（6月底、12月底）。
3．支付方式：现金或银行转账。

第七条　风险抵押
1．乙方须在合同签订之日起____日内向甲方一次性支付人民币____元，作为风险抵押金；
2．乙方完成合同规定的目标，甲方须在合同期满后____日内退还全部抵押金及银行活期存款利息；
3．因甲方的过错致使本合同不能履行时，由甲方退回抵押金并赔偿乙方的经济损失；
4．因乙方的过错致使本合同不能履行时，乙方不但无权要求退还抵押金，还需赔偿甲方的经济损失。

第八条　奖惩措施
1．如乙方全面完成合同规定的各项管理目标，管理费如有节余，甲方按节余额的____%奖励乙方；
2．如乙方没有完成合同规定的各项管理目标，甲方应责成乙方定期改正，情节严重的交违约金人民币_____元至_____元，直至终止合同，其经济损失由乙方承担。

第九条　违约责任
1．如因甲方原因，造成乙方未完成规定管理目标或直接造成乙方经济损失的，甲方应给予乙方相应补偿；乙方有权要求甲方限期整改，并有权终止合同。
2．如因乙方原因，造成不能完成管理目标或直接造成甲方经济损失的，乙

権利をもつ。
5．本物件の専門管理業務を担当する専門業者を選定し、支払いを行う権利をもつ。ただし、管理責任および利益のすべてをその他の個人や業者に譲渡してはならず、特に重要な専門業務を個人に請け負わせるようなことをしてはならない。
6．甲の会計監査を受け、月に1度、甲に財務報告を提出する。
7．本物件の共用施設を無断で占有したり、使用目的を変えたりしてはならない。関連施設の増改築が必要な場合は、甲と関連部門に報告し許可を得てから実施すること。
8．本物件の管理資料を作成し、変更状況の記載を行う。
9．本契約の終了時に、乙は、物件・各種管理資料・財務などに関するすべての不動産管理資料を甲に引き渡すこと。引き渡される不動産の公共資産には、管理費や公的収入の積立てからなる資産などが含まれる。

第五条　管理目標
　乙は甲の委託管理内容に基づいて「管理項目基準」(メンテナンス、補修、管理の作業基準とチェック基準) を制定し、甲と合意したうえで本契約書の附属文書とする。本契約書の発効後、年内に管理基準に達し、政府の主管部門の発行する証書を得ることに乙は承諾する。

第六条　管理費用の支払い
1．本物件の管理費用は以下の第＿＿項に基づくものとする。
　　①甲乙双方が取り決めた基準に基づき、本物件内の居住者より建築面積1平方メートルあたり月＿＿＿＿元の管理費を徴収する。
　　②統一基準に基づき、甲が建築面積1平方メートルあたり年間（あるいは月あたり）＿＿＿＿元の管理費を直接乙に支払う。
2．支払期日は、毎月末あるいは年2回 (6月末、12月末) とする。
3．支払方法は、現金払いあるいは銀行振替とする。

第七条　保証金
1．乙は契約締結日より＿＿＿日以内に、＿＿＿＿＿元を保証金として甲に一括で支払うこと。
2．契約に定められた管理目標を乙が達成した場合、甲は契約期間の満了後＿＿＿日以内に保証金全額と普通預金の利息を返却すること。
3．甲の過失が原因で本契約が履行できなくなった場合、甲は保証金を返却し、乙の経済的損失を賠償しなければならない。
4．乙の過失が原因で本契約が履行できなくなった場合、乙に保証金の返却を要求する権利はなくなり、また甲の経済的損失を賠償しなければな

方应给予甲方相应补偿。甲方有权要求乙方限期整改,并有权终止合同。
3．因甲方房屋建筑或设施设备质量或安装技术等原因,造成重大事故的,由甲方承担责任并负责善后处理。因乙方管理不善或操作不当等原因造成重大事故的,由乙方承担责任并负责善后处理。(产生事故的直接原因,以政府有关部门的鉴定结论为准。)

第十条　合同更改、补充与终止
1．经双方同意可签订变更或补充合同,其条款与本合同具有同等的法律效力。
2．合同规定的管理期满,本合同自然终止。如续订合同,应在该合同期满前3个月向对方提出书面申请。
3．合同终止后,乙方仍可参加甲方的管理招标并在同等条件下优先承包该物业的管理业务。

第十一条　其他
1．本合同执行期间,如遇不可抗拒的自然灾害(台风、洪水、地震等),造成经济损失的,双方应共同协商,合理分摊。
2．本合同在履行中如发生争议,协商不成的,可诉请法院裁决。
3．本合同自签订之日起生效。
4．本合同正本一式三份,甲、乙双方和物业管理部门(备案)各执一份,具有同等法律效力。

甲　方：＿＿＿＿＿＿＿＿　公章　　乙　方：＿＿＿＿＿＿＿＿　公章
代表人：＿＿＿＿＿＿＿＿　章　　　代表人：＿＿＿＿＿＿＿＿　章

らない。

第八条　賞罰
1．契約に定められたそれぞれの管理目標を乙がすべて達成した場合、管理費用に余裕があれば、甲は残額の＿＿＿％を奨励として乙に与える。
2．契約に定められたそれぞれの管理目標を乙が達成できない場合、甲は乙に期間を定めて改めるよう指示し、事態が深刻な場合は違約金として＿＿＿＿＿元から＿＿＿＿＿元を求め、さらには契約を解消する。それによる経済的損失は乙の負担とする。

第九条　違約責任
1．甲が原因で、定められた管理目標を乙が達成できなかったり、直接乙に経済的損失をもたらした場合、甲は乙に対して相応の補償を行うこと。乙は甲に対して指定期日内に改善を要求する権利、契約を解消する権利をもつ。
2．乙が原因で、管理目標を達成できなかったり、直接甲に経済的損失をもたらした場合、乙は甲に対して相応の補償を行うこと。甲は乙に対して指定期日内に改善を要求する権利、契約を解消する権利をもつ。
3．甲の建物・施設・設備の品質や取付けなどが原因となって重大な事故が起きた場合、甲がその責任を負い、善後策を講じる。乙の管理や操作の不備が原因となって重大な事故が起きた場合、乙がその責任を負い、善後策を講じる。（事故の直接の原因は、政府関連部門の鑑定結果を正とする）

第十条　契約の変更、補充、終了
1．双方の合意を経て本契約書の変更あるいは補充を行うことができ、その条項は本契約書と同等の法的効力を有する。
2．契約に定めた管理期間が満了した時点で本契約は自動的に終了する。更新する場合、期間満了となる3か月前までに相手側に書面で申請すること。
3．契約が終了した後も、乙は甲の入札募集に応募することができる。また、同等の条件で優先的に本物件の管理業務を請け負うことができる。

第十一条　その他
1．本契約書の履行中に、抗うことのできない自然災害（台風、洪水、地震等）に遭い、経済的な損失を受けた場合、双方は協議して合理的に損失額を分担すること。
2．本契約書の履行中に争議が発生し、話し合いで解決しない場合は、裁

第2章 会社管理に関する契約書

〈単語〉

物业管理（wùyè guǎnlǐ）不動産管理／**委托**（wěituō）委託する／**房屋**（fángwū）建物／**附属设备**（fùshǔ shèbèi）付帯設備／**设施**（shèshī）施設／**法规**（fǎguī）法規／**政策**（zhèngcè）政策／**维修**（wéixiū）修理、修繕、メンテナンス／**养护**（yǎnghù）補修／**共用设施**（gōngyòng shèshī）共用施設／**上下水管道**（shàngxiàshuǐ guǎndào）上下水道管／**供水设备**（gōngshuǐ shèbèi）給水設備／**配电系统**（pèidiàn xìtǒng）配電設備／**共用照明**（gòngyòng zhàomíng）共用照明／**中央空调**（zhōngyāng kōngtiáo）セントラル・エアシステム／**电梯**（diàntī）エレベータ／**自行车房棚**（zìxíngchē fángpéng）駐輪場／**停车场**（tíngchēchǎng）駐車場／**道路**（dàolù）道路／**走廊**（zǒuláng）廊下／**运行**（yùnxíng）運営／**公共场地**（gōnggòng chǎngdì）共用スペース／**共用部位**（gòngyòng bùwèi）共用部分／**垃圾**（lājī）ゴミ／**收集**（shōují）収集／**清运**（qīngyùn）輸送、片付け／**中转站**（zhōngzhuǎnzhàn）中継所／**公安机关**（gōng'ān jīguān）公安機関／**安全监控**（ānquán jiānkòng）セキュリティ・モニタリング／**巡视**（xúnshì）パトロール／**配套服务设施**（pèitào fúwù shèshī）付帯サービス施設／**健身房**（jiànshēnfáng）フィットネスジム／**游泳池**（yóuyǒngchí）プール／**便利店**（biànlìdiàn）コンビニエンスストア／**文化娱乐活动**（wénhuà yúlè huódòng）イベント活動／**档案**（dàng'àn）文書、資料／**年度管理计划**（niándù guǎnlǐ jìhuà）年次管理計画／**年度费用预算**（niándù fèiyòng yùsuàn）年次予算／**决算报告**（juésuàn bàogào）決算報告／**平方米**（píngfāngmǐ）平方メートル／**办公用房**（bàngōng yòngfáng）事務所用スペース／**员工宿舍**（yuángōng sùshè）社員寮、従業員宿舎／**月租金**（yuèzūjīn）毎月の家賃／**经营性商业用房**（jīngyíngxìng shāngyè yòngfáng）店舗用スペース／**收入**（shōurù）収入／**补贴**（bǔtiē）補助する、補填する、手当て／**竣工资料**（jùngōng zīliào）竣工資料／**规章制度**（guīzhāng zhìdù）規則、規定／**责令**（zélìng）命じる／**加价**（jiājià）値上げする／**选聘**（xuǎnpìn）招聘する、募集する／**专营公司**（zhuānyíng gōngsī）専門会社／**财务监督**（cáiwù jiāndū）会計監査／**财务报表**（cáiwù bàobiǎo）財務報告表／**占用**（zhànyòng）占有する／**改扩建**（gǎikuòjiàn）増改築する／**记载**（jìzǎi）記載する／**移交**（yíjiāo）引き渡す／**管理分项标准**（guǎnlǐ fēnxiàng biāozhǔn）管理規約／**工作标准**（gōngzuò biāozhǔn）作業基準／**考核标准**（kǎohé biāozhǔn）チェック基準／**颁发**（bānfā）発行する、授与する／**证书**（zhèngshū）証書、証明書／**支付期限**（zhīfù qīxiàn）支払期日／**支付方式**（zhīfù fāngshì）支払方法／**现金**（xiànjīn）現金、キャッシュ／**银行转账**（yínháng zhuǎnzhàng）銀行振替／**一次性支付**（yícìxìng zhīfù）一括払いする／**风险抵押金**（fēngxiǎn dǐyājīn）保証金／**退还**（tuìhuán）返却する／**银行活期存款**（yínháng huóqī cúnkuǎn）銀行普通預金／**奖惩**（jiǎngchéng）賞罰／**节余**（jiéyú）節約して残ったお金や物、剰余／**奖励**（jiǎnglì）奨励する、報奨／**补偿**（bǔcháng）補償する、補填する／**限期整改**（xiànqī zhěnggǎi）指定期日内に整備する／**善后处理**（shànhòu chǔlǐ）善後策、後始末／**鉴定**（jiàndìng）鑑定／**更改**（gēnggǎi）変更（する）／**补充**（bǔchōng）補充、補足／**终止**（zhōngzhǐ）終了する、やめる／**续订**（xùdìng）（契約を）更新する／**招标**（zhāobiāo）入札募集／**自然灾害**（zìrán zāihài）自然災害／**台风**（táifēng）台風／**洪水**（hóngshuǐ）洪水／**地震**（dìzhèn）地震／**分摊**（fēntān）分担する、割り勘にする

判所に申立てをすることができる。
3．本契約書は締結した日より発効する。
4．本契約書は 3 部作成し、甲乙双方と不動産管理部門（控え）で 1 部ずつを所持し、すべて同等の法的効力をもつものとする。

甲　　：_____　印　　　乙　　：_____　印
代表者：_____　印　　　代表者：_____　印

解説　―――――――――――――　不動産管理業務委託契約書　―

　不動産管理契約は、現在の中国では契約書の作成が困難であり、また契約自体も成立しがたい契約とされている。不動産の持ち主と管理会社の双方の権利と義務を契約のなかで明確に定める必要があり、管理会社の管理範囲を細かく規定しなければならない。たとえば不動産管理費用の支払いは、管理会社にその管理義務を履行させる前提条件であり、現実的には、不動産管理事務の履行と費用の支払いがしばしば紛争の争点となる。したがって、契約違反責任については明確に規定しなければならない。

2-4 建物賃貸借契約書

房屋租赁合同

　　　　　　　　　　　　　　　　　　合同编号：_____
　　　　　　　　　　　　　　　　　　地　　点：_____
　　　　　　　　　　　　　　　　　　日　　期：___年__月__日

出租方（以下称甲方）：_____
地址：_____　　电话：_____

承租方（以下称乙方）：_____
地址：_____　　电话：_____

　　根据《中华人民共和国合同法》及有关规定，为明确出租方与承租方的权利义务关系，双方经协商一致，签订本合同。

第一条　房屋概况
　　甲方将其拥有房屋所有权的座落在_____市_____区_____路_____号的房屋（房内装饰一般）出租给乙方使用，房屋为_____室_____厅_____卫_____厨。房屋建筑面积共_____平方米。甲方在提供出租房屋时，已经对房屋进行了清扫和维修，房屋不存在瑕疵。

第二条　租赁用途
　　乙方向甲方承诺，该房屋仅作为_____使用。在租赁期间，未事前征得甲方的书面同意，乙方不得擅自改变房屋的使用用途。

第三条　租赁期限
　　租赁期共____年。自____年____月____日起，至____年____月____至。合同期满后，如甲方愿意继续出租房屋，乙方则享有承租的优先权。在租赁期间，未经甲方同意，乙方不得将房屋出租给第三方。

第四条　租金及支付方式
1．租金：月租金为人民币_____元（大写：____万____仟____佰____拾____

建物賃貸借契約書

契約番号：＿＿＿＿＿＿
場　　所：＿＿＿＿＿＿
日　　付：＿＿年＿月＿日

賃貸人（以下、甲とする）：＿＿＿＿＿＿＿＿＿＿＿＿
住所：＿＿＿＿＿＿＿＿＿＿＿＿　　電話：＿＿＿＿＿＿＿＿＿＿

賃借人（以下、乙とする）：＿＿＿＿＿＿＿＿＿＿＿＿
住所：＿＿＿＿＿＿＿＿＿＿＿＿　　電話：＿＿＿＿＿＿＿＿＿＿

『中華人民共和国契約法』および関連規定に基づき、賃貸人と賃借人の権利義務関係を明確にするため、双方は協議による合意を経て、本契約書を締結する。

第一条　建物概況
　甲は、合法的に所有している＿＿＿市＿＿＿＿区＿＿＿＿路＿＿号の建物（内装程度は並）を乙に賃貸する。建物内は居室＿＿＿室、リビング＿＿＿室、トイレ＿＿＿か所、キッチン＿＿＿か所とする。建物面積は延べ＿＿＿＿平方メートル。甲は貸し出す際にすでに清掃と修繕を行っており、建物に瑕疵はない。

第二条　使用用途
　本件建物を＿＿＿＿＿＿の目的でのみ使用することを、乙は甲に承諾するものとする。賃貸期間中、乙は事前に甲に書面で同意を得ずに無断で建物の使用用途を変更してはならない。

第三条　賃貸借期間
　賃貸借期間は、＿＿年＿＿月＿＿日から＿＿年＿＿月＿＿日までの＿＿年とする。契約期間の満了後も甲が賃貸を続ける意思のある場合、乙は優先的に賃借できる権利をもつ。甲の同意がない限り、乙が第三者に貸し出す

元整）；
2．支付方式：银行转账（或现金）；
3．支付期：每月 20 日。

第五条　保证金
1．为确保房屋及其所属设施的安全与完好及租赁期间内相关费用的如期结算，甲、乙双方同意本合同的保证金为＿＿＿＿＿元（大写：＿＿＿万＿＿＿仟＿＿＿佰＿＿＿拾＿＿＿元整）。
2．租赁期满后，乙方迁空、点清、退交房屋及设施，并付清应付费用。甲方在确认无误后，应立即将保证金无息退还乙方。

第六条　其他费用
　　乙方在租赁期间，实际使用的水费、电费、煤气费、有线电视费及通讯费等费用应由乙方自行负担，并按单如期缴纳。物业管理费亦由乙方负担。

第七条　租赁期间的房屋维修
1．为了确保房屋整体结构的完整性和完好性，甲方有责任对房屋及其设备每年进行 1 次检查、修缮，以保障房屋的安全和正常使用；
2．乙方对房屋进行装修改造，需报甲方书面同意后方能施工。如乙方未经甲方同意，对房屋进行装修改造或增设他物时，甲方有权要求乙方恢复原状或赔偿损失。

第八条　变更事项
1．如果甲方将房产所有权转让给第三方时，本合同对新的房产所有者继续有效；
2．甲方出卖房屋，须在 3 个月前通知乙方。在同等条件下，乙方有优先购买权；
3．甲方需要与第三方互换住房时，应事先通知乙方。

第九条　双方的权利和义务
1．甲方有收取房屋租金的权利，在乙方没有按时交纳租金时，经甲方催促后，乙方仍按时未履行付租金义务时，甲方有权中止该合同的履行，收回房屋，并可向乙方要求支付滞纳的房租和违约金。
2．甲方有义务按合同约定的时间，向乙方提供出租房屋。如甲方未按时提供时，因此给乙方造成额外支出的，甲方应向乙方赔偿相同金额的人民币。
3．当出租房屋出现必须修缮的情况时，甲方应履行修缮义务。甲方没有履行时，在乙方用自己的费用修缮完后，甲方应及时将所花费的修缮金额支付给乙方。如因甲方未及时履行修缮义务，造成乙方人员人身受到伤害或

ことはできない。

第四条　賃貸料および支払方法
1．賃貸料は、月＿＿＿元（大字：＿＿萬＿＿仟＿＿佰＿＿拾＿＿人民元）とする。
2．支払方法は、銀行振替（あるいは現金払い）とする。
3．支払日は、毎月20日とする。

第五条　保証金
1．建物および付帯施設が安全で瑕疵がないこと、また賃貸借期間における関連費用が期日通り決済されることを保証するため、甲乙双方は本契約書の保証金を＿＿＿元（大字：＿＿萬＿＿仟＿＿佰＿＿拾＿＿人民元）とすることに同意する。
2．賃貸借期間が満了したら、乙は建物および付帯施設を引き払い、点検した後に明け渡すこと。また支払うべき費用を完済すること。甲は確認した後に保証金を無利息でただちに乙に返却すること。

第六条　その他の費用
　賃貸借期間中に、乙が実際に使用した水道代、電気代、ガス代、ケーブルテレビ料金、通信料金は、乙が自己負担し、請求金額や期日を違えることなく支払うこと。不動産の管理費も乙が負担する。

第七条　賃貸借期間中の建物メンテナンス
1．建物構造の完全性を確保するため、甲は建物および設備に対して年1度の検査と修繕を行う責任をもち、それによって建物が安全で正常に使用できることを保証する。
2．乙が建物内部の改修を行う場合、事前に甲に報告して書面で同意を得ること。乙が甲の同意を得ずに増改築を行った場合、甲は乙に対して原状回復または損害賠償を求めることができる。

第八条　変更事項
1．甲が不動産所有権を第三者に移す場合、本契約書は新しい不動産所有者に対しても引き続き有効とする。
2．甲が建物を売却する場合は、3か月前までに乙に知らせること。また、同等の条件のもとで乙は優先的に購入できる権利をもつ。
3．甲が第三者と住宅を取り換える場合、事前に乙に通知する。

财物受损的，甲方应负赔偿责任。
4．乙方有合理使用、维护房屋和按时交纳租金的义务。除正常使用外，因乙方的过失，使房屋严重受损时，乙方应承担赔偿责任。乙方没有履行缴纳租金义务时，除仍应及时如数补交外，应向甲方支付违约金_____元。
5．乙方违反合同，擅自将承租房屋转租他人使用的，应支付违约金_____元；如因此造成承租房屋毁坏的，还应负责赔偿。
6．任何一方提前终止本合同，应在1个月前通知对方，并向对方支付合同租金总额（即人民币_____元）____%的违约金。

第十条　其他事项
1．因不可抗力的原因导致房屋毁损和造成乙方损失的，双方互不承担责任。
2．本合同在履行中如双方发生争议，应协商解决；协商不成时，任何一方均可向出租房屋的所在地的仲裁委员会申请仲裁，也可以向当地的法院起诉。
3．本合同未尽事宜，合同双方经共同协商，可作出书面的补充规定，补充规定与本合同具有同等效力。
4．本合同正本一式两份，甲方、乙方各执一份；合同副本一份，送有关部门备案。

出　租　方：_____　盖章　　　承　租　方：_____　盖章
法定代表人：_____　章　　　　法定代表人：_____　章
开　户　银　行：_____　　　　　开　户　银　行：_____
账　　　号：_____　　　　　　账　　　号：_____

第九条　双方の権利義務
1．甲は、家賃を受け取る権利を有する。乙が期日通りに家賃を支払わず、甲による催促の後も乙が家賃の支払い義務を履行しない場合、甲は契約の履行を中止し、建物の明渡しを要求し、乙に未払い家賃と違約金を請求する権利を有する。
2．甲は、契約に定めた期日に建物を賃借人に提供する義務を負う。甲が期日通りに明け渡さないことによって、乙に余計な支出をもたらした場合には、甲は乙に同額の賠償金を支払う。
3．賃貸する建物に修繕しなければならない状況があった場合、甲は修繕する義務を果たさなければならない。甲がこれを履行しない場合、乙が費用を立て替えて修繕した後に、甲はただちに修繕費用を乙に払い戻すこと。甲が速やかに修繕義務を行わないことが原因で、乙が人身的、あるいは経済的に損害を被った場合、甲はその損害を賠償する。
4．乙には建物を合理的に使用し維持管理する義務と、期日通りに家賃を支払う義務がある。乙の過失で建物に甚大な損害を受けた場合、乙は損害賠償責任を負う。乙の家賃の支払いが遅れた場合、乙はただちに未納分を支払うほか、違約金として＿＿＿＿元を支払わなければならない。
5．乙が契約に反して賃借した建物を第三者に転借した場合、違約金＿＿＿＿元を支払うこと。またそれが原因で建物が破損した場合には、その損害を賠償すること。
6．甲乙のいずれか一方が途中で契約を解除する場合、1か月前に相手に通知し、賃貸料総額（＿＿＿＿元）の＿＿＿％を違約金として相手側に支払うこと。

第十条　その他
1．不可抗力が原因で建物が破損したり、乙に損失をもたらした場合、双方ともその責任を負わないものとする。
2．本契約の履行中に争議が発生した場合、双方で協議の上、解決すること。協議で解決しない場合には、建物所在地の仲裁委員会に仲裁を申し立てることができる。また、現地の裁判所に起訴することができる。
3．本契約書に定めのない事項については、双方で協議し、書面による補充規定を作成する。補充規定と本契約書は同等の効力をもつものとする。
4．本契約書は正本を2部作成し、甲乙双方がそれぞれ1部を所持する。契約書の副本1部は控えとして関連部門に提出する。

第２章　会社管理に関する契約書

〈単語〉

房屋（fángwū）建物／**租赁**（zūlìn）貸し出す／**拥有**（yōngyǒu）擁する／**座落**（zuòluò）位置する／**出租**（chūzū）リース、レンタル、賃貸する／**建筑面积**（jiànzhù miànjī）建築面積／**平方米**（píngfāngmǐ）平方メートル／**承诺**（chéngnuò）承諾する／**征得**（zhēngdé）求める／**优先权**（yōuxiānquán）優先権／**租金**（zūjīn）賃貸料、リース料金／**支付方式**（zhīfù fāngshì）支払方法／**支付期**（zhīfùqī）支払日／**保证金**（bǎozhèngjīn）保証金／**所属设施**（suǒshǔ shèshī）付帯施設／**完好**（wánhǎo）完全である、傷がない／**迁空**（qiānkōng）引き払う／**点清**（diǎn-qīng）点検する／**退交**（tuìjiāo）明け渡す／**无息**（wúxī）無利息／**退还**（tuìhuán）返却する／**水费**（shuǐfèi）水道料金／**电费**（diànfèi）電気料金／**煤气费**（méiqìfèi）ガス代／**有线电视**（yǒuxiàn diànshì）ケーブルテレビ／**通讯费**（tōngxùnfèi）通信料金／**缴纳**（jiǎonà）支払う／**物业管理费**（wùyè guǎnlǐfèi）ビル管理費／**维修**（wéixiū）修理、修繕、メンテナンス／**结构**（jiégòu）構造／**检查**（jiǎnchá）検査／**修缮**（xiūshàn）修繕／**装修改造**（zhuāngxiū gǎizào）改修する、改装する／**施工**（shīgōng）施行、工事（する）／**增设**（zēngshè）増設する／**恢复原状**（huīfù yuánzhuàng）原状を回復する／**房产所有权**（fángchǎn suǒyǒuquán）不動産所有権／**第三方**（dìsānfāng）第三者／**房产所有者**（fángchǎn suǒyǒuzhě）不動産所有者／**出卖**（chūmài）売却する／**购买权**（gòumǎiquán）購買権／**互换**（hùhuàn）交換する／**人身**（rénshēn）人身／**财物**（cáiwù）金銭と物資／**补交**（bǔjiāo）不足分を納める／**毁坏**（huǐhuài）損傷する／**备案**（bèi'àn）報告して記録を残す

建物賃貸借契約書

賃　貸　人：_____ 印　　　賃　借　人：_____ 印
法定代表者：_____ 印　　　法定代表者：_____ 印
口座開設銀行：_____　　　口座開設銀行：_____
口　座　番　号：_____　　　口　座　番　号：_____

解説 - 建物賃貸借契約書 -

　部屋を借りる際、借主（賃借人）は、貸主（賃貸人）と物件の不動産権利書、双方の身分証明書を確認し、部屋の状況が貸主の提供した情報と一致するかどうかを確認すべきである。契約内容は、主に物件の名称、数量、用途、期限、賃貸料の支払い期限、物件の修理が含まれる。とりわけ、契約に定めた通りに家賃を支払うことが、契約の相手側に契約内容を順調に履行させる前提条件となる。中国の〈契約法〉では、賃借期間は最長でも20年と定められている。

第2章 会社管理に関する契約書

2-5 警備業務請負契約書

保安服务合同

合同编号：＿＿＿＿＿＿
地　　点：＿＿＿＿＿＿
日　　期：＿＿＿年＿月＿日

聘请单位（甲方）：＿＿＿＿＿＿＿＿＿＿＿＿
地址：＿＿＿＿＿＿＿＿＿＿＿＿　　电话：＿＿＿＿＿＿＿＿＿＿＿＿

服务单位（乙方）：＿＿＿＿＿＿＿＿＿＿＿＿
地址：＿＿＿＿＿＿＿＿＿＿＿＿　　电话：＿＿＿＿＿＿＿＿＿＿＿＿

　　为加强维护甲方的安全，根据国家有关法律、法规的规定，甲乙双方通过协商，就以下条款达成共识并签订本合同，双方共同遵守。

第一条　保安服务组织
　　甲方所聘的乙方，应为具有独立的法人资格、自主经营的保安服务公司。乙方公司应具备国家法规所规定的保安服务条件和能力。未经甲方同意，乙方不得转聘其他保安服务公司代为履行乙方的服务义务。

第二条　服务内容
1．主要出入口的警卫、保安区域内的巡逻；
2．及时报告发生在执勤区域内的刑事、治安案件，协助公安机关保护发案现场、维护秩序，提供情况，发现违法犯罪人员时，及时扭送公安机关；
3．做好执勤区域的防火、防盗、防爆炸、防治安事故的工作，及时消除不安全隐患，不能消除的，应及时向有关部门报告；
4．遵守执勤纪律，文明执勤；
5．应甲方的要求提供其他服务。

第三条　禁止从事的行为
1．不得阻碍国家机关工作人员执行公务；不得妨碍甲方工作人员的工作；
2．不得罚款、扣押、没收他人证件和财物；

警備業務請負契約書

契約番号：＿＿＿＿＿＿
場　　所：＿＿＿＿＿＿
日　　付：＿＿年＿月＿日

委託者（甲）：＿＿＿＿＿＿＿＿＿＿＿
住所：＿＿＿＿＿＿＿＿＿＿　　電話：＿＿＿＿＿＿＿＿＿＿＿

受託者（乙）：＿＿＿＿＿＿＿＿＿＿＿
住所：＿＿＿＿＿＿＿＿＿＿　　電話：＿＿＿＿＿＿＿＿＿＿＿

　甲の安全を強化・維持するため、国の関連法規や条例に従って、甲乙は双方の協議を経て以下の条項に同意し、契約を締結する。双方ともにこれを遵守する。

第一条　警備会社
　甲が業務を委託する乙は、独立の法人格を有し、自ら経営を行う警備会社であるものとする。乙は、国の法規に定めた警備条件と能力を備える。甲の同意を得ずに、乙は他の警備会社に乙の義務を代行させることはできないものとする。

第二条　業務内容
１．主な出入口の警備、担当エリア内のパトロール。
２．担当エリア内での刑事・治安関連の事件発生をただちに報告する。公安機関の事件現場保護や秩序維持に協力し、情報を提供し、犯罪者を発見した場合はただちに公安機関に引き渡す。
３．担当エリア内の火災防止、盗難防止、爆発防止、治安事故防止に努め、危険要素はただちに除去する。除去できない場合は、ただちに関連部門に報告する。
４．勤務規律を守り、礼儀正しい態度で職務にあたること。
５．甲の要求に応じて提供するその他の業務。

3．不得辱骂、殴打他人、限制他人人身自由；
4．不得处理民事、经济或劳动纠纷；
5．不得进行其他违反法律规定的活动。

第四条　服务期限
　　保安服务期限：＿＿年。自＿＿年＿＿月＿＿日至＿＿年＿＿月＿＿日。

第五条　服务费及加班费
1．服务费：每位保安员每月＿＿＿＿＿元；共＿＿＿＿＿人，每月共计＿＿＿＿＿元。
2．加班费：按劳动法规定，保安员每天工作8个小时，每周5天工作制；如甲方要求保安员加班时，应按劳动法第44条规定，由甲方支付加班费。每天工作时间不得超过12小时。
加班费的具体规定如下：
①周1至周5的加班费为每小时150%的报酬；
②周6、日的加班费为每天200%的报酬；
③节假日加班费为每天300%的报酬。

第六条　付款时间及方式
　　付款时间：签约后1星期内，甲方须先付1个月的服务总费用。以后，每月1次、每次10日之前付款。
　　付款方式：银行汇款（或支票）
　　开户银行：＿＿＿＿＿＿＿＿＿＿　　账号：＿＿＿＿＿＿＿＿＿＿

第七条　甲方的权利和义务
1．甲方应与乙方互通情报，协助乙方维护好治安秩序及"四防"工作；
2．甲方有权要求乙方撤换有违规行为的保安人员；
3．因甲方人员违规而造成的责任事故、财务损失等应由甲方承担责任；
4．因乙方的管理不善或失误造成重大经济损失时，甲方有权要求经济赔偿以至终止合同。

第八条　乙方的权利和义务
1．对保安服务范围内的不安全隐患，乙方有权向甲方提出改进意见，甲方应认真研究解决。因甲方未采取措施而造成的经济损失，乙方不承担责任；
2．乙方有权拒绝承担合同范围以外的职责任务；
3．乙方负责支付保安员的工资、人身意外保险等各项福利费用，提供保安员专用执勤服装；
4．乙方负责保安员的教育、业务培训等日常管理和对保安员违纪问题的处

第三条　禁止事項
１．国家公務員の公務執行を妨害してはならず、甲の従業員の業務を妨げてはならない。
２．罰金をとったり、物を差し押さえたり、他人の身分証明書や金品を没収してはならない。
３．他人を侮辱したり、殴打したり、人身の自由を制限してはならない。
４．民事や商取引または労務に関する紛争を処理してはならない。
５．その他、法律・法規に違反する活動をしてはならない。

第四条　委託期間
　警備業務の委託期間は、＿＿年＿＿月＿＿日から＿＿年＿＿月＿＿日までの＿＿年とする。

第五条　警備料金および超過勤務手当
１．警備料金
　　警備員１人あたり月＿＿＿＿元とする。合計＿＿＿＿名で、月に計＿＿＿＿元。
２．超過勤務手当
　　労働法の規定に基づき、警備員は１日８時間、週５日勤務とする。甲が警備員に超過勤務を求める場合、労働法44条の規定に基づき、超過勤務手当を支払うこと。１日の勤務時間は12時間を超えてはならない。
　　具体的な規定は以下の通りとする。
　①平日に残業した場合は、１時間あたりの報酬150%とする。
　②土日に休日出勤した場合は、１日あたりの報酬200%とする。
　③祝日に休日出勤した場合は、１日あたりの報酬300%とする。

第六条　支払期日と支払方法
　契約締結後の１週間以内に、甲は１か月分の料金を前払いすること。それ以降は、月に１度、10日までに支払う。
　支払方法は、銀行振込（あるいは小切手）とする。
　口座開設銀行：＿＿＿＿＿＿＿＿＿　　　口座番号：＿＿＿＿＿＿＿＿＿

第七条　甲の権利と義務
１．甲は乙と情報交換し、乙による治安・秩序維持業務、および「４つの防止」(火災防止、盗難防止、爆発事故防止、治安トラブル防止) 業務をサポートすること。
２．甲は規律違反した警備員の交代を乙に求めることができる。
３．甲側の人員の規律違反が原因で事故や財務的な損失があった場合、甲

理；
5．乙方应及时撤换甲方认为不称职的保安员；
6．针对区域内发生的刑事、治安案件，乙方应及时发现、及时报案，并积极配合有关部门保护现场、处理案件。

第九条　损害赔偿
　　保安员在执勤中受伤、致残甚至牺牲（致残者要由省、市级医院和法院法医的鉴定），其医药费、抚恤金等费用由保险公司按规定理赔，保安员因受伤、致残、死亡产生的合理开支超出保险理赔的部分，由乙方负担。如甲方违规指挥保安员执行本合同职责以外的任务而使其受伤、致残、牺牲的一切费用，除保险公司理赔外，其余部分均由甲方承担。

第十条　违约责任
　　任何一方在执行合同过程中，由于特殊原因不能履行合同时，均须提前1个月以书面形式通知对方，未提前1个月通知对方而单方终止合同时，视为违约，由违约方向对方支付3个月的服务总费用作违约金。

第十一条　其它事项
1．如甲乙双方在执行合同的过程中发生争议，双方可以通过友好协商解决。
　　无法解决时，可提请仲裁委员会或法院裁决。
2．本合同如有未尽事宜，双方可以另议。另议条款与本合同具有同等效力。
3．本合同一式两份，甲乙双方各执一份。

甲方：＿＿＿＿＿＿＿＿＿　公章　乙方：＿＿＿＿＿＿＿＿＿　公章
代表：＿＿＿＿＿＿＿＿＿　章　　代表：＿＿＿＿＿＿＿＿＿　章

が責任を負うものとする。
4．乙の管理の不備やミスが原因で重大な経済的な損失をもたらした場合、甲は乙に賠償や契約解除を求めることができる。

第八条　乙の権利と義務
1．警備業務範囲内における安全面の欠陥について、乙は甲に改善意見を出す権利をもち、甲はそれを検討して解決すること。甲が対策を行わなかったことで経済的な損失がもたらされた場合、乙はその責任を負わないものとする。
2．乙は契約範囲外の職責任務を拒否することができる。
3．乙は警備員の給与や労災保険などの福利経費を負担し、警備員の制服を提供する。
4．乙は警備員の教育や業務研修などの日常管理と、規律違反の問題の処理を行う。
5．甲によって職務担当能力がないとされた警備員を乙はただちに交代させること。
6．乙は担当エリア内で発生した刑事・治安関連の事件の現場を適時発見・報告し、関連部門と積極的に協力して処理にあたること。

第九条　損害賠償
　警備員が勤務中に負傷し、身体障害を引き起こしたり、亡くなった場合（障害者は省・市レベルの病院・裁判所の鑑定医の鑑定が必要）、医療費や補償金などの費用は保険会社の規定に従って賠償を行う。負傷・障害・死亡によって警備員側の支出が保険の賠償額を超えた場合、超えた部分を乙が負担する。甲が規律に違反して警備員に本契約書の職責以外のことを指示し、それが原因で負傷・障害・死亡となった場合、保険会社からの賠償額以外の部分はすべて甲が負担する。

第十条　違約責任
　契約の締結後、いずれか一方が特殊な原因で契約の履行ができなくなった場合、1か月前に書面で相手側に通知しなければならない。1か月前に通知せず、一方的に契約を解除した場合は違約とみなし、違約した側が違約金として3か月分の費用を相手側に支払うこと。

第十一条　その他
1．本契約の履行中に争議が発生した場合、甲乙双方は友好的な話し合いで解決すること。解決できない場合には、仲裁委員会あるいは裁判所に申し立てをすることができる。

第2章　会社管理に関する契約書

〈単語〉

保安服务（bǎo'ān fúwù）警備業務／**聘请**（pìnqǐng）招聘する／**出入口**（chūrùkǒu）出入り口／**警卫**（jǐngwèi）警備／**保安区域**（bǎo'ān qūyù）警備担当エリア／**巡逻**（xúnluó）パトロール／**案件**（ànjiàn）事件／**发案现场**（fā'àn xiànchǎng）事件現場／**提供情况**（tígōng qíngkuàng）情報を提供する、情報供給／**扭送**（niǔsòng）犯人を捕まえて警察に引き渡す／**防火**（fánghuǒ）火災防止／**防盗**（fángdào）盗難防止／**防爆炸**（fáng bàozhà）爆発防止／**防治安事故**（fáng zhì'ān shìgù）治安事故防止／**隐患**（yǐnhuàn）隠れた弊害、欠陥／**执勤纪律**（zhíqín jìlǜ）勤務規律／**保安员**（bǎo'ānyuán）警備員／**报酬**（bàochóu）報酬／**付款时间**（fùkuǎn shíjiān）支払日／**付款方式**（fùkuǎn fāngshì）支払方法／**银行汇款**（yínháng huìkuǎn）銀行振込、振替、入金／**支票**（zhīpiào）小切手／**开户银行**（kāihù yínháng）口座開設銀行／**撤换**（chèhuàn）入れ替える／**职责**（zhízé）職責／**工资**（gōngzī）賃金、給与／**人身意外保险**（rénshēn yìwài bǎoxiǎn）傷害保険、労災保険／**福利费用**（fúlì fèiyòng）福利経費／**执勤服装**（zhíqín fúzhuāng）警備服／**教育**（jiàoyù）教育／**业务培训**（yèwù péixùn）業務研修／**违纪**（wéijì）規律違反／**称职**（chènzhí）職務担当能力がある／**受伤**（shòushāng）けがをする、負傷する／**致残**（zhìcán）障害が残る、身体障害を引き起こす／**牺牲**（xīshēng）死亡する／**医药费**（yīyàofèi）医療費／**抚恤金**（fǔxùjīn）補償金／**保险公司**（bǎoxiǎn gōngsī）保険会社／**理赔**（lǐpéi）（契約に従い）賠償する／**违约责任**（wéiyuē zérèn）違約責任

2．本契約書に定めのない事項については、双方で別途協議すること。別途取り決めた条項は本契約書と同等の効力をもつ。
3．本契約書は2部作成し、甲乙がそれぞれ1部を所持する。

甲　　：＿＿＿＿＿＿＿＿　印　　　乙　　：＿＿＿＿＿＿＿＿　印
代表者：＿＿＿＿＿＿＿＿　印　　　代表者：＿＿＿＿＿＿＿＿　印

解説　　　　　　　　　　　　　　　　　　　警備業務請負契約書

　警備会社に警備業務を委託する場合、現地の公安部門が許可した独立法人格をもつ警備会社に委託しなければならない。中国では、現地公安部門の警備員育成センターが、訓練を終えた警備会社従業員に警備員資格を与える制度を採っている。警備業務の質を確保するには、「委託を受けた警備会社はその他の警備会社に当該警備業務を再委託してはならない」ことを契約のなかで明記すべきである。契約に違反した場合、委託者は受託側の責任を追及できるが、委託者は警備業務内容とその範囲を明確にしておかなければならない。契約期間満了の際は、受託側の警備会社が義務を十分に果たしたかを吟味したうえで、契約を更新するかどうかを決める。

第 2 章 会社管理に関する契約書

2-6 金銭貸借契約書

贷款合同

合同编号：_____
地　　点：_____
日　　期：____年__月__日

借款人：_____
地点：_____　　电话：_____

贷款人：_____
地点：_____　　电话：_____

贷款总金额：_____日元（可分期汇付）
用　　途：_____

借贷双方经友好协商，就贷款融资事宜达成以下协议，并签订本合同。

第一条　合同有效期
　　自本合同签订日起有效期为____年。借款人在执行合同期间，如未拖欠贷款的利息、未违反合同条款，便可向贷款人提出延长合同有效期____年的要求。有效期的变更，自贷款人发行合同有效期延续同意书后生效。

第二条　利率
　　本合同贷款的年利率为____%的固定利率。如续签合同，应由双方另行商定新的年利率。

第三条　利息期及利息的支付方式
　　本合同的利息期为 3 个月，按 1 年 360 天的标准计算。贷款人应在每次利息期满的 5 个营业日前，将利息计算表（该表应显示 3 个月的具体计息天数）用传真通知借款人。借款人在确认每期的利息金额后，如期向贷款人支付利息。如借款人已全部付清本金，利息期即终止。

金銭貸借契約書

契約番号：＿＿＿＿＿＿
場　　所：＿＿＿＿＿＿
日　　付：＿＿＿年＿月＿日

借入者：＿＿＿＿＿＿＿＿＿＿
住　所：＿＿＿＿＿＿＿＿＿＿　　電話：＿＿＿＿＿＿＿＿＿＿＿

貸付者：＿＿＿＿＿＿＿＿＿＿
住　所：＿＿＿＿＿＿＿＿＿＿　　電話：＿＿＿＿＿＿＿＿＿＿＿

借入金額：＿＿＿＿＿＿＿＿円（ただし、分割送金とする）
用　途：＿＿＿＿＿＿＿＿

　借入金の融資を受けることについて、双方が協議した結果、下記の協議内容に合意した。よって、本契約を締結する。

第一条　有効期間
　本契約の有効期間は、契約締結日より＿＿＿年とする。なお、借入者の利息の支払いに遅延が発生せず、かつ本契約を規定通り履行している場合、事前に借入者から要望があれば、本契約をさらに＿＿＿年延長することができるものとし、貸付者が延長同意書を発行することにより期間の変更が有効となる。

第二条　利率
　年利＿＿＿％の固定金利とする。本契約が延長される場合は借入者と貸付者の双方で新たな年利を協議の上決定する。

第三条　利息期間と利息の支払い
　利息期間は3か月とし、利息は年間360日を標準として計算する。貸付者は毎回の利息期間満期前5営業日までに、利息計算書（3か月の利息を

第四条　汇付

本合同生效后，贷款人应根据本合同附件分期贷款的规定，在每次汇付的 5 个营业日前，将本金汇付通知书用传真通知借款人，并寄送原本。贷款人应根据本金汇付通知书上所指定的汇款日期及金额，一次性将全部贷款汇至借款人所指定的中国境内银行账户。

第五条　本金偿还

本金偿还日为本合同有效期满之日。借款人必须在本金还款之日一次性还清本金贷款、利息及其他有关费用。

第六条　支付方法

与本合同有关条款的汇付货币（本金贷款、本金还款、利息等）均以_____电汇支付。

第七条　汇付日期

在本合同项下所规定的汇付、支付、还款之日均为中国和日本的银行工作日。如非工作日时，则顺延至最近的下 1 个银行工作日作替代。若该替代日在下个历月时，则为原规定日的最近的 1 个银行工作日。

第八条　贷款人权利

贷款人在任何时候都有权要求借款人立即支付任何一笔到期款项。但该权利仅限于下列任何情况：
1．借款人没有根据本合同规定自动偿还到期的贷款和利息；
2．贷款人认为有借款人破产或无力偿还债务之虞；
3．借款人资信状况发生变化；
4．借款人未能履行本合同项下各项义务或责任及其它合同规定的条款；
5．除上述 1、4 以外，贷款人应在向借款人发出违约并不能补救通知书 10 个工作日后，行使本权利。

第九条　借款人义务

1．借款人应在本合同生效后 3 个工作日内，向贷款人提供近期的财务报表 1 份，以及现公司章程、公司董事会做出的决议及委托书、营业执照、国家外汇管理局颁发的近期批准证书的复印件。
2．借款人应在本合同有效期内记载该业务状况及保存帐册，并在每年度结算后 90 天内，向贷款人提供经过会计事务所审计的财务报表。

第十条　保证条款

本合同适用中国担保法的规定。由担保人承担连带责任。

日数計算したもの）を借入者にファックスにて送付する。借入者は毎回の利息期間満期日に利息を確認した上、期日通り貸付者に支払うものとする。借入者が元金の返済を完了した時点で利息期間は終了する。

第四条　送金
　　貸付者は契約発効後、本契約に添付された分割送金の規定に基づき、毎回の送金予定日の5営業日前までに借入者に元金送金通知書をファックスし、かつ原本を郵送するものとする。貸付者は元金送金通知書に標記した送金日と金額に基づき、一括してすべての金員を借入者が指定する中国国内銀行口座に送金するものとする。

第五条　元金返済
　　元金返済期日は本契約の有効期の満期日とし、借入者は借入金の最終返済期日にすべての元金、利息、関連する費用の支払いを完了しなければならない。

第六条　支払方法
　　本契約条項にかかわるすべての支払い（元金の送金、返済、利息など）はいずれも＿＿＿＿電信為替にて支払うものとする。

第七条　支払期日
　　本契約各項に規定されている送金・支払い・返済の期日はすべて中国および日本の銀行営業日とし、休業日に当る場合は契約規定期日直後の営業日に順延する。なお、順延日が翌月となる場合は前規定期日直前の営業日とする。

第八条　貸付者の権利
　　貸付者はいかなる時期においても、借入者に対し、期日が到達した金員をただちに支払うよう要求することができる。この権利は下記のいずれかの状況に限られるものとする。
1．借入者が本契約に基づき期限が到達した借入金と利息の返済をしていない場合。
2．借入者が破産あるいは債務返済の能力がなくなる恐れがある場合。
3．借入者の与信状況に影響を与える事件が発生した場合。
4．借入者が、本契約各条項の義務あるいは責任、およびその他の規定条件を履行できなかった場合。
5．上記のうち1と4以外の状況について、貸付者は借入者が違約しかつ挽回不可であるとの通知を通達してから10営業日後に、権利を行使する

第2章　会社管理に関する契約書

第十一条　适用法律
　　本合同适用法律为中国法律。

第十二条　附则
１．本合同日文和中文版本各两份。借款人和贷款人各持一份。
２．本合同在贷款人和借款人代表签署后生效；并以最后签署方的签署日为本合同的生效日。

借款人：＿＿＿＿＿＿＿　公章　　　贷款人：＿＿＿＿＿＿＿　公章
代　表：＿＿＿＿＿＿＿　章　　　　代　表：＿＿＿＿＿＿＿　章
担保人：＿＿＿＿＿＿＿　章

〈単語〉

借款（jièkuǎn）借金、借入金／**贷款**（dàikuǎn）貸付金／**融资**（róngzī）融資／**拖欠**（tuōqiàn）返済を遅らせる／**延续**（yánxù）継続する、延長する／**利率**（lìlǜ）利率／**固定利率**（gùdìng lìlǜ）固定金利／**营业日**（yíngyèrì）営業日／**本金**（běnjīn）元金／**汇付**（huìfù）為替で送金する／**一次性**（yícìxìng）一括で／**银行账户**（yínháng zhànghù）銀行口座／**还款**（huánkuǎn）返済／**电汇**（diànhuì）電信送金為替（T／T）／**工作日**（gōngzuòrì）営業日／**顺延**（shùnyán）順延する／**替代**（tìdài）代わる／**历月**（lìyuè）月／**偿还**（chánghuán）返済する／**破产**（pòchǎn）破産、倒産／**资信状况**（zīxìn zhuàngkuàng）与信状況／**补救定款**（bǔjiù）挽回する、回復する／**行使**（xíngshǐ）行使する／**公司章程**（gōngsī zhāngchéng）定款／**营业执照**（yíngyè zhízhào）営業許可証／**批准证书**（pīzhǔn zhèngshū）批准証書／**复印件**（fùyìnjiàn）コピー／**帐册**（zhàngcè）帳簿／**财务报表**（cáiwù bàobiǎo）財務報告書

ことができる。

第九条　借入者の義務
1．借入者は契約発効後3営業日前までに、直近の借入者の財務諸表一式、会社の定款、会社取締役会の決議及び委任状、営業許可証、国家為替管理局が発行した直近の批准証書のコピーを、貸付者に提出しなければならない。
2．借入者は本契約の有効期間中、該当する業務状況の記載及び帳簿を保存するものとし、毎年の会計年度の終了後90日以内に、会計事務所の監査を受けた財務諸表を貸付者に提出するものとする。

第十条　保証条件
本契約は中国の担保法に準拠する。保証人は連帯責任を負う。

第十一条　準拠法
本契約は中国法律に準拠する。

第十二条　附則
1．本契約は日本語と中国語で各2部作成し、貸付者と借入者はそれぞれ1部ずつ保有する。
2．貸付者と借入者の代表者が署名した後発効し、いずれかの代表のうち最終的に署名した側の期日をもって発行日とする。

借入者：＿＿＿＿＿＿＿＿＿　印　　貸付者：＿＿＿＿＿＿＿＿＿　印
代　表：＿＿＿＿＿＿＿＿＿　印　　代　表：＿＿＿＿＿＿＿＿＿　印
保証人：＿＿＿＿＿＿＿＿＿　印

解説　　　　　　　　　　　　　　　　金銭貸借契約書

　金銭貸借契約の当事者は、通常は企業か個人である。貸付人は借入者に対して、〈中華人民共和国担保法〉に従って担保の提供を求め、中国国内の企業に金銭を貸し付ける際は、中国の法律による利息を明確に決めなければならない。借入者が契約に違反して、利息未払いまたは満期になっても元本と利息を返済しない場合、貸付人は中国の法律に従って借入者の法的責任を追及し、民事賠償の訴訟を提起することができる。また、借入者に詐欺の疑いがある場合には、借入者の刑事責任を追及することができる。

2-7 機密保持合意書

商业保密协议书

合同编号：_____
地　　点：_____
日　　期：___年__月__日

商业秘密接受方（甲方）：_____
地址：_____　　　电话：_____

商业秘密拥有方（乙方）：_____
地址：_____　　　电话：_____

　　鉴于双方正在进行_____业务项目的实施及合作，双方经商定，订立以下商业保密协议，共同遵守。

一、保密内容
1．本协议提及的商业秘密包括：技术方案、工程设计、电路设计、制造方法、配方、工艺流程、技术指标、计算机软件、数据库、研究开发记录、技术报告、检测报告、实验数据、试验结果、图纸、样品、样机、模型、模具、操作手册、技术文档、相关的函电，及客户名单、行销计划、采购资料、定价政策、财务资料、进货渠道等与本合作项目有关的所有信息。
2．任何一方无论用任何方式获得的与本协议项目有关或因项目产生的任何商业、营销、技术、运营数据或其他性质的资料都具有保密性。

二、保密义务
　　甲方同意遵守下列约定：
1．严守机密，并采取所有保密措施和制度保护该秘密；
2．不泄露任何商业秘密给任何第三方；
3．除用于履行与对方的合同之外，任何时候均不得利用该秘密；
4．不复制或通过其他方式使用该秘密。为了防止泄密，甲方应与于本项目有关的员工、代理等签订保密协议，其实质内容应与本协议相似。

機密保持合意書

契約番号：＿＿＿＿＿＿＿
場　　所：＿＿＿＿＿＿＿
日　　付：＿＿年＿月＿日

機密受領者（甲）：＿＿＿＿＿＿＿＿＿＿＿
住所：＿＿＿＿＿＿＿＿＿＿＿　　電話：＿＿＿＿＿＿＿＿＿＿＿

機密所持者（乙）：＿＿＿＿＿＿＿＿＿＿＿
住所：＿＿＿＿＿＿＿＿＿＿＿　　電話：＿＿＿＿＿＿＿＿＿＿＿

　　甲乙双方が＿＿＿＿＿＿＿＿＿＿業務の実施と提携を行うにあたって、双方の協議を経て、以下の機密保持合意書を締結し、ともにこれを遵守する。

一、機密内容
１．本合意書の言及する商業機密には次のものが含まれる。技術プラン、工程設計、電気回路設計、製造方法、調合方法、生産プロセス、技術指標、コンピュータソフト、データベース、研究開発記録、技術報告、検査報告、実験データ、試験結果、図面、商品サンプル、試作機、模型、金型、操作ハンドブック、技術関連書類、関連する信書やメール、および顧客リスト、販売計画、調達資料、価格決定計画、財務資料、仕入れルートなど本提携業務に関連するすべての情報。
２．いずれか一方がなんらかの方法で得た、本合意書関連の資料、あるいは提携業務より生じたビジネス・販売・技術・取引データとその他関連資料はすべて機密とする。

二、機密保持義務
　　甲は以下の取り決めに同意する。
１．機密を厳守し、あらゆる機密保持措置や制度を使って機密を保持する。
２．いかなる第三者にも機密を漏らしてはならない。

三、例外约定
　　乙方同意下述内容不属于保密义务范围：
　1．该商业秘密已经或正在变成普通大众可以获取的资料；
　2．能书面证明甲方从乙方收到技术资料之前已经熟知该资料；
　3．由第三方合法提供给甲方的资料；
　4．未使用乙方的技术资料，由甲方独立开发出来的技术。

四、返还信息
　　不论任何时候，只要收到商业秘密拥有方的书面要求，接受方应立即归还全部商业秘密资料和文件，包含收录有该商业秘密资料的媒体及其任何复印件或摘要。如果该技术资料属于不能归还的形式、或已经复制或转录到其他资料或载体中，则应删除。

五、保密期限
　　本协议有效期为＿＿＿年。在期满时，甲方应履行返还商业秘密义务。

六、费用支付
　　自合同生效，乙方将商业秘密交与甲方之日起，甲方应向乙方支付利用商业秘密的费用。费用支付标准和方式，须经双方协商确定。

七、违约责任
　　甲方违反规定，将商业秘密转让给第三方，给乙方带来损失时，应当承担赔偿责任。

八、争议解决
　　本协议受中国法律管辖并按照中国的法律进行解释。由于本协议的履行或解释而产生的或与之有关的任何争议，如双方无法协商解决，应提交仲裁委员会并按照其仲裁规则和仲裁程序进行最终裁决。上述仲裁裁决为终局裁决，对双方均有约束力。除仲裁裁决另有裁定外，仲裁费用应由败诉方负担。

九、其他约定
　　未经另一方同意，任何一方不得转让本协议项下的全部或任何部分权利。未经双方商议，任何一方不能以任何理由更改本协议的内容。
　　以上协议书自签署日起生效。协议书一式两份，双方各持一份。

甲方代表：＿＿＿＿＿＿＿＿＿＿＿＿＿＿　　章
乙方代表：＿＿＿＿＿＿＿＿＿＿＿＿＿＿　　章

3．相手側との契約履行に用いる場合を除き、いかなる時も機密を利用してはならない。
4．複製やその他の方法で機密を利用しない。漏洩防止のため、甲は業務と関連のある従業員や代理人などと機密保持合意書を締結し、その内容は本合意書とほぼ似たものとする。

三、例外事項
　乙は、以下の内容が機密保持範囲に属さないことに同意する。
1．その商業機密情報がすでに、あるいは現在、一般の人が一般に得られるものとなっている場合。
2．甲が乙から技術資料を受け取る前にすでにその内容について熟知していたことを書面で証明できる場合。
3．甲に第三者から合法的に提供された資料。
4．乙の技術資料を使用せず、甲が独自に開発した技術。

四、情報の返却
　乙の書面による要求があれば、甲はいつでもただちに機密資料と文書をすべて返却しなければならない。これには機密資料を収録した記録媒体やコピー、摘要も含まれる。機密資料が返却不能な形式である場合や、あるいはすでにコピーされていたり、その他の資料や媒体に転載されている場合、削除しなければならない。

五、機密保持期限
　本合意書の有効期限は＿＿＿年とする。満期となる場合、甲は商業機密を返還する義務を負う。

六、費用支払い
　乙が甲に商業機密を引き渡す日より、甲は乙に商業機密を利用する費用を支払うこと。支払い基準と方法は、双方協議の上で定める。

七、違約責任
　甲は、規定に反して商業機密を第三者に譲渡し乙に損害を与えた場合、損害賠償責任を負わなければならない。

八、争議の解決
　本合意書は中国の法律の管轄を受け、中国の法律に基づいて解釈される。本合意書の履行あるいは解釈によって生じた、あるいはそれに関する争議が、双方の話し合いによって解決できない場合には仲裁委員会に申立てを

第２章　会社管理に関する契約書

〈単語〉

技术方案（jìshù fāng'àn）技術プラン／**工程设计**（gōngchéng shèjì）プロセスデザイン、工程設計／**电路设计**（diànlù shèjì）電気回路設計／**制造方法**（zhìzào fāngfǎ）製造方法／**配方**（pèifāng）調合方法／**工艺流程**（gōngyì liúchéng）生産プロセス／**技术指标**（jìshù zhǐbiāo）技術指標／**计算机软件**（jìsuànjī ruǎnjiàn）コンピュータソフト／**数据库**（shùjùkù）データベース／**研究开发记录**（yánjiū kāifā jìlù）研究開発記録／**技术报告**（jìshù bàogào）技術報告／**检测报告**（jiǎncè bàogào）検査報告／**实验数据**（shíyàn shùjù）実験データ／**试验结果**（shìyàn jiéguǒ）試験結果／**图纸**（túzhǐ）設計図、図面／**样品**（yàngpǐn）見本、サンプル／**样机**（yàngjī）サンプル機械、試作機／**模型**（móxíng）模型／**模具**（mójù）金型、鋳型／**操作手册**（cāozuò shǒucè）操作ハンドブック／**技术文档**（jìshù wéndǎng）技術関連書類／**函电**（hándiàn）手紙・電報・メールの総称／**客户名单**（kèhù míngdān）顧客リスト／**行销计划**（xíngxiāo jìhuà）販売計画／**采购资料**（cǎigòu zīliào）資材調達資料／**定价政策**（dìngjià zhèngcè）価格決定計画／**财务资料**（cáiwù zīliào）財務資料／**进货渠道**（jìnhuò qúdào）仕入れルート／**营销**（yíngxiāo）営業、販売／**运营**（yùnyíng）運営／**泄露**（xièlòu）漏らす／**第三方**（dìsānfāng）第三者／**履行**（lǚxíng）履行する／**复制**（fùzhì）複製する／**泄密**（xièmì）機密を漏洩する／**员工**（yuángōng）従業員／**代理**（dàilǐ）代理人／**普通大众**（pǔtōng dàzhòng）一般人／**获取**（huòqǔ）得る、手に入れる／**熟知**（shúzhī）熟知する／**归还**（guīhuán）返却する／**媒体**（méitǐ）メディア、媒体／**复印**（fùyìn）コピー／**摘要**（zhāiyào）摘要、ダイジェスト／**转录**（zhuǎnlù）ダビングする、コピーする／**载体**（zàitǐ）情報を伝える方法、媒体、キャリア／**删除**（shānchú）削除する／**约束力**（yuēshùlì）拘束力／**裁定**（cáidìng）裁定する／**败诉**（bàisù）敗訴する

行い、仲裁規定や手続きに基づいて最終的な裁決を下す。上記の裁決は最終裁決であり、双方に対して拘束力をもつ。別途仲裁の裁決がある場合を除き、仲裁費用は敗訴した側が負担すること。

九、その他
　いずれか一方が相手側の同意を得ずに、本合意書に定めた全部または一部の権利を譲渡してはならない。いかなる理由でも、双方の協議を経ず、いずれか一方が本合意書の内容を変更することはできない。
　以上の合意書は署名捺印した日より有効とする。合意書は2部作成し、それぞれ1部を所持する。

甲代表者：＿＿＿＿＿＿＿＿＿＿＿＿　印

乙代表者：＿＿＿＿＿＿＿＿＿＿＿＿　印

解説　　　　　　　　　　　　　　　機密保持合意書

　商業機密を守ることは、〈知的財産権法〉と〈反不正競争法〉の保護範囲に属し、機密を保持する者が、所有権、使用権、収益権、処分権をもつ。なぜなら、商業機密がいったん公開されれば、機密が失われることで経済的利益が逸失することになるからである。契約のなかで、甲の使用範囲を明確に定めることが最重要であり、甲は乙の同意がない限り、乙の商業機密を勝手に公開したり処分してはならない。さもなければ、乙の権益を侵害することになり、乙の権利が侵害された場合、乙は損害賠償の訴訟を起こすことができる。もし、甲の不法行為で乙に挽回できない損失をもたらした場合、甲は刑事責任を負うことになる。

第2章 会社管理に関する契約書

2-8 コンサルティング契約書

聘请经济顾问合同

合同编号：_____
地　　点：_____
日　　期：___年__月__日

甲方（聘方）：_____
地点：_____　　　电话：_____

乙方（受聘方）：_____
地点：_____　　　电话：_____

　　就甲方聘请乙方担任经济顾问事宜，双方经协商，特订立以下条款，共同遵守。

一、甲方聘请乙方为本公司的常年经济顾问，乙方同意担任甲方的常年经济顾问。

二、经济顾问每月至少应与甲方联系____次。甲方遇有急需解决的事宜，可随时与乙方联系。

三、工作内容
1．受理甲方的有关经济方面的咨询，并提供有关信息和建议；
2．为甲方高级管理人员讲授、分析国内外的经济动向；
3．帮助甲方健全经营管理制度，提高甲方的经营管理水平；
4．为甲方培养有关企业经营方面的人才；
5．甲方要求乙方提供的有关企业发展的其他服务。

四、报酬及支付
1．经济顾问费每年_____元人民币。每年1月末甲方通过银行支付给乙方。其它具体项目的报酬按规定另议并另行支付。
2．除年顾问费用外，经济顾问为甲方的事业所支付的实际费用，应由甲方

コンサルティング契約書

コンサルティング契約書

契約番号：＿＿＿＿＿＿
場　　所：＿＿＿＿＿＿
日　　付：＿＿年＿月＿日

甲（招聘者）：＿＿＿＿＿＿＿＿＿＿＿＿
住所：＿＿＿＿＿＿＿＿＿＿＿＿　　電話：＿＿＿＿＿＿＿＿＿＿＿＿

乙（被招聘者）：＿＿＿＿＿＿＿＿＿＿＿
住所：＿＿＿＿＿＿＿＿＿＿＿＿　　電話：＿＿＿＿＿＿＿＿＿＿＿＿

　甲が乙をコンサルタントとして迎えるにあたり、双方は話し合いを経て以下の条項を定め、ともにこれを遵守する。

一、甲は、乙を当該会社の長期コンサルタントとして招聘する。乙は甲の長期コンサルタントを務めることに同意する。

二、コンサルタントは甲と月に最低でも＿＿＿回連絡をとること。甲に解決を急ぐ問題が起きた場合には随時乙と連絡をとることができる。

三、業務内容
1．甲の経済関連の相談を受け、関連情報や意見を提供する。
2．甲の上級管理職に国内外の経済動向の教授と分析を行う。
3．甲の経営管理制度の整備と、経営管理水準の向上をサポートする。
4．甲の企業経営関連の人材を育成する。
5．甲が企業発展のために求めたその他サービスを提供する。

四、報酬および支払い
1．顧問料は年間＿＿＿＿＿元とし、毎年1月末に甲は銀行を通じて乙に支払う。その他の具体的な項目の報酬については規定に基づいて別途協議し、支払いを行う。

第2章　会社管理に関する契約書

承担。
3．应甲方的要求，经济顾问实行上述工作内容以外的工作时，甲方应另外支付顾问费用和实际费用。另外支付的顾问费用的金额，可由甲乙双方共同商定。

五、经济顾问须严守商业机密。其内容包括经济顾问从甲方处获得的生产技术、产品管理、材料物品的技术指标、用量及价格等数据。

六、其他事项
1．本合同有效期为＿＿年。自双方签订之日起生效。
2．解除或修改合同，须经双方协商同意。
3．合同期满，经双方协商同意可续订合同。
4．本合同一式两份，双方各持一份。

甲　　　方：＿＿＿＿＿　公章　　　乙　　　方：＿＿＿＿＿　公章
法定代表人：＿＿＿＿＿　章　　　　法定代表人：＿＿＿＿＿　章

〈単語〉

聘请（pìnqǐng）招聘する／**经济顾问**（jīngjì gùwèn）コンサルタント、経済顧問／**常年**（chángnián）長期／**咨询**（zīxún）相談／**信息**（xìnxī）情報／**建议**（jiànyì）提案、意見／**讲授**（jiǎngshòu）教授する、講じる／**分析**（fēnxī）分析する／**经济动向**（jīngjì dòngxiàng）経済動向／**培养**（péiyǎng）育成する／**人才**（réncái）人材／**顾问费**（gùwènfèi）顧問料／**报酬**（bàochóu）報酬／**另议**（lìngyì）別途協議する／**支付**（zhīfù）支払う／**续订**（xùdìng）（契約を）更新する

コンサルティング契約書

2．年間コンサルティング報酬のほか、コンサルタントが甲の事業のために支出した実費を甲が負担する。
3．甲の要求に応じて、コンサルタントが上記の業務内容以外の仕事を行う場合、甲は別途顧問費用と実費を負担する。別途支出されるコンサルティング費用について、甲乙双方はともに協議して定める。

五、コンサルタントは商業機密を守らなくてはならない。商業機密には、コンサルタントが甲より得た生産技術、製品管理、材料や物品の技術指標・使用量・価格などのデータが含まれる。

六、その他
1．本契約書の有効期間は＿＿年とし、双方が調印した日より有効とする。
2．契約を解除、変更する場合は、双方の同意を必要とする。
3．期間満了時、双方の同意を経て契約を更新することができる。
4．本契約書は2部作成し、双方が1部を所持する。

甲　　　　　：＿＿＿＿＿　印　　　乙　　　　　：＿＿＿＿＿　印
法定代表者：＿＿＿＿＿　印　　　法定代表者：＿＿＿＿＿　印

解説　――――――――――――――コンサルティング契約書――

　コンサルティング契約は、一種の〈雇用契約〉である。一般雇用契約と違う点は、労働時間を実質出勤で計算するものではないこと、また報酬も既定の基準では支払われないことである。そのため、コンサルタントの仕事内容を定めることが最重要事項である。報酬のほか、コンサルタントが雇用者にサービスを提供するためにかかった費用は、業務執行に必要な実費として支払われる。また、「コンサルタントが義務を怠った場合、または義務を十分に果たしていない場合、雇用者はコンサルタントに対して勧告することができ、さらにコンサルタントが仕事態度を改めない場合、雇用者はコンサルティング契約を中止することができる」といった内容を契約のなかで明記すべきである。

《第3章》

意向書（レターオブインテント）・確認書・覚書

3-1 不正取引反対に関する合意書

反对不正当贸易协议书

合同编号：_____
地　　点：_____
日　　期：___年__月__日

甲方（中方）：_____
地址：_____　　　电话：_____

乙方（日方）：_____
地址：_____　　　电话：_____

　　为确保买卖双方的合法权益和正当的公平竞争，为防止在交易中以不正当手段干扰公平交易，根据《中华人民共和国反不正当竞争法》的有关规定，甲乙双方经协商同意签订以下协议，共同遵守。

一、甲、乙双方在业务交往中，不论是单位或经办人员，均不得以任何方式（如现钞、有价证券、实物等）向对方人员或其亲属进行索贿、受贿、行贿。

二、甲、乙双方须严守商业机密。其内容包括乙方从甲方处获得的生产技术、产品管理、材料物品的技术指标、用量及价格等数据。

三、甲、乙双方在经济交往中的任何一方进行让利（返利）、回扣（佣金）、奖励等均应以书面方式通知对方，并通过双方财务部门收、付结算。

四、若发现乙方对甲方人员或关连人员进行行贿时，甲方有权向受贿人收回所有受贿物品，并要求乙方偿付相当该经济合同总金额10%的违约金。

五、若甲方业务人员有索贿要求，乙方则有权向甲方投诉。甲方须对乙方的投诉作出明确答复并作处理，以保障乙方的正当权益。

不正取引反対に関する合意書

契約番号：＿＿＿＿＿＿
場　　所：＿＿＿＿＿＿
日　　付：＿＿年＿月＿日

甲（中国側）：＿＿＿＿＿＿＿＿＿＿＿＿
住所：＿＿＿＿＿＿＿＿＿＿＿＿　　電話：＿＿＿＿＿＿＿＿＿＿＿＿

乙（日本側）：＿＿＿＿＿＿＿＿＿＿＿＿
住所：＿＿＿＿＿＿＿＿＿＿＿＿　　電話：＿＿＿＿＿＿＿＿＿＿＿＿

　売買双方の正当な合法的権益を確保し、正当で公平な競争を保護し、取引中において不正な手段を使って公平な取引を妨害することを防止するため、『中華人民共和国反不正競争法』の関連規定に従って、甲乙双方が協議した結果、本合意を締結することに同意した。

一、甲乙双方は、業務往来の中で、会社あるいは業務取扱者にかかわらず、いかなる方式（現金、有価証券、実物など）でも相手方人員あるいはその親族に対し賄賂を要求したり、贈収賄を行ってはならない。

二、甲乙双方は商業機密を守らなくてはならない。商業機密には、乙が甲より得た生産技術、製品管理、材料や物品の技術指標・使用量・価格などのデータが含まれる。

三、甲乙双方は、経済取引中におけるいかなる一方への利益譲渡（利益返還）、バックマージン（コミッション）、報奨などについて書面で相手方に通知し、双方の財務部門を通じて受取りと支払いの決済をすること。

四、もし乙が甲の人員あるいは関係者に対し賄賂を行った事実が発覚した場合、甲は賄賂を受けた者に実際額を返納させるほか、乙に対し、当該経済契約総額の10％を違約金として賠償請求する権利を有する。

第3章　意向書（レターオブインテント）・確認書・覚書

六、若甲方经办人或其它相关人员（包括采购、审核、财务、质量、基建等部门）存在故意不办理或拖延付款手续及其他有关手续，以致影响甲乙双方正常的业务时，乙方有权向甲方投诉。甲方须对乙方的投诉作出明确答复，并处理当事人。由此而引起的一切经济损失由甲方负责赔偿。

七、甲方有责任对乙方的投诉内容进行保密，并查实投诉内容，确保乙方的合法权益不受损害。

八、乙方保证在交易中绝不使用虚假手段，在质量上以劣充优。一经发现并被指定的国家鉴定组织证明虚伪时，由此所引起的一切损失由乙方负责赔偿。

九、本协议经双方签字盖章生效，作为甲乙双方签订经济合同长期有效的附件，对各份经济合同具有同等法律效力。

十、本协议未尽事宜由甲乙双方协商书面补充。

注：甲方接受投诉部门及电话：
　　审 核 部 部 长　＿＿＿＿＿＿＿＿＿＿
　　总经理、董事长　＿＿＿＿＿＿＿＿＿＿

甲方：＿＿＿＿＿＿＿＿　公章　　甲方业务经办员：＿＿＿＿＿＿＿＿　章

乙方：＿＿＿＿＿＿＿＿　公章　　乙　方　代　表：＿＿＿＿＿＿＿＿　章

〈単語〉

交易（jiāoyì）取引／**干扰**（gānrǎo）邪魔する、妨害する／**经办人员**（jīngbàn rényuán）取扱者／**现钞**（xiànchāo）現金／**有价证券**（yǒujià zhèngquàn）有価証券／**实物**（shíwù）実物、親属（qīnshǔ）親族／**索贿**（suǒhuì）賄賂を要求する／**受贿**（shòuhuì）賄賂を受け取る／**行贿**（xínghuì）賄賂を贈る、袖の下を握らせる／**商业机密**（shāngyè jīmì）商業機密／**技术指标**（jìshù zhǐbiāo）技術指標／**用量**（yòngliàng）使用量／**价格**（jiàgé）価格／**让利**（rànglì）利益譲渡／**返利**（fǎnlì）利益変換／**回扣**（huíkòu）バックマージン／**佣金**（yòngjīn）仲介手数料、コミッション／**奖励**（jiǎnglì）奨励する、報奨／**投诉**（tóusù）訴え出る／**采购**（cǎigòu）購入する、買い付ける／**基建**（jījiàn）インフラ／**拖延**（tuōyán）引き延ばす／**保密**（bǎomì）機密保持、機密を守る／**查实**（cháshí）調べて確認する／**虚假**（xūjiǎ）うそである、偽りである／**以劣充优**（yǐ liè chōng yōu）品質の悪い物を質の良い物に見せかける／**国家鉴定组织**（guójiā jiàndìng zǔzhī）国の品質鑑定機関

不正取引反対に関する合意書

五、もし甲の業務人員に賄賂を要求された場合、乙は甲に訴状を提起する権利を有する。甲はそれに対して回答をし、かつ処分を行い、乙の正当な権益を保証しなければならない。

六、もし甲の業務取扱者あるいは、その他関係者（購買、審査、財務、品質、工事などの部門）が、故意に支払い手続やその他関連手続きを行わなかったり、遅らせたりするようなことをして、甲乙双方の正常業務に影響を与えた場合、乙は甲に訴状を提起する権利を有する。それに対して甲は回答し、これら人員の処分を行い、これらの行為により乙が被った損害を弁償しなければならない。

七、甲は乙の訴状を提起した状況に対し、秘密を守り、訴状の実態を調査し、その合法権益が損害を被らないようにすること。

八、乙は業務取引中、絶対に偽りの手段を用いず、品質が劣っていることを良しとしないこと。もし発見され公的鑑定組織により偽装であることが証明された場合、これにより引き起こされた甲の一切の損失は乙が賠償の責任を負うこと。

九、本合意書は双方の署名と捺印により発効し、甲乙双方が締結する経済契約の長期有効の附属書類とし、各経済契約に同等の法的効力をもつ。

十、本合意で定めのないの事項については甲乙双方が協議した上で、書面により補充するものとする。

注：甲のクレーム受付部署および電話：
　　審査部部長　＿＿＿＿＿＿＿＿＿＿
　　総経理、董事長　＿＿＿＿＿＿＿＿＿＿

甲：＿＿＿＿＿＿＿＿＿＿　印　　業務取扱者：＿＿＿＿＿＿＿＿＿＿　印
乙：＿＿＿＿＿＿＿＿＿＿　印　　代　表　者：＿＿＿＿＿＿＿＿＿＿　印

解説 ────────── 不正取引反対に関する合意書 ─

これは甲と乙が取引を行うときに調印する〈特別約定〉である。甲乙双方は互いに相手の商業機密を守らなければならない。甲と乙は、相手に対して不利益で不正な取引をしてはならず、相手の利益を犠牲にすることを代価として、第三者と同様の取引を行ってはならない。不正な手段で公平な取引を破壊することは、信用を失うだけでなく、損害賠償責任を負うことになり、さらに行政管理部門からの処罰を受けることもある。

3-2 商品買付意向書

产品购销合作意向书

地　　点：＿＿＿＿＿＿＿
日　　期：＿＿年＿月＿日

甲方：＿＿＿＿＿＿＿＿＿＿＿＿
地址：＿＿＿＿＿＿＿＿＿＿＿＿　　　电话：＿＿＿＿＿＿＿＿＿＿＿＿＿

乙方：＿＿＿＿＿＿＿＿＿＿＿＿
地址：＿＿＿＿＿＿＿＿＿＿＿＿　　　电话：＿＿＿＿＿＿＿＿＿＿＿＿＿

　　在本届＿＿＿＿＿展销会中，甲乙双方直接见面并进行了洽谈，现就下列产品的购销事宜初步达成以下合作意向。

一、甲方需要乙方下列产品：

产品名称	需要数量	预计金额（万元）	备注

二、乙方提供的商品要有生产许可证、卫生许可证和质量检验证明，并符合甲方的质量要求。乙方要根据甲方的要求进行商品包装。

三、甲方在确定产品需要量后，应及时向乙方发出订单。订单发出后，如需更改，须事先与乙方协商。否则，由此所造成的经济损失由甲方负责承担。乙方接到订单后，应保证及时、足量向甲方供应上述产品。

四、甲方要严格按照双方约定的时间进行结算，并支付货款。

商品買付意向書

場　所：＿＿＿＿＿＿
日　付：＿＿年＿月＿日

甲　：＿＿＿＿＿＿＿＿＿＿＿
住所：＿＿＿＿＿＿＿＿＿＿＿　　　電話：＿＿＿＿＿＿＿＿＿＿＿

乙　：＿＿＿＿＿＿＿＿＿＿＿
住所：＿＿＿＿＿＿＿＿＿＿＿　　　電話：＿＿＿＿＿＿＿＿＿＿＿

　今回の＿＿＿＿＿展示即売会において、甲乙双方は協議の機会を持ち、下記商品の買付けについて、以下の意向書の事項に基本的に合意した。

一、甲は乙の以下商品の買付けを行う。

商品名	必要数	見込金額（万元）	備考

二、乙の提供する商品には生産許可証、衛生許可証、品質検査証明書があり、甲の品質条件を満たしていること。乙は甲の要求に基づいて商品の梱包を行うこと。

三、甲は、商品の必要な数量が確定した後、乙に対して速やかに注文書を出す。注文書を出した後に変更がある場合、甲は事前に乙と協議すること。これを守らない場合、そのことが原因でもたらされた経済的損失は甲が責任を負うものとする。乙は、注文書を受け取った後、速やかに上記商品の注文通りの数量を甲に提供する。

第3章　意向書（レターオブインテント）・確認書・覚書

　　以上仅是双方的初步意向，具体事项及未尽事宜经双方进一步洽谈后，以签订正式合同为准。

五、本意向书自签定之日起2个月后，双方若无任何进展，则自行终止。

六、本意向书一式两份，双方各执一份。

甲方：_____　公章　　乙方：_____　公章
代表：_____　　章　　代表：_____　　章

〈単語〉

购销（gòuxiāo）買付けと販売／**意向书**（yìxiàngshū）意向書／**展销会**（zhǎnxiāohuì）展示即売会／**洽谈**（qiàtán）面談する／**初步**（chūbù）初歩の、初歩的な／**产品名称**（chǎnpǐn míngchēng）商品名／**预计金额**（yùjì jīn'é）見込金額／**备注**（bèizhù）備考／**生产许可证**（shēngchǎn xǔkězhèng）生産許可書／**卫生许可证**（wèishēng xǔkězhèng）衛生許可書／**质量检验证明**（zhìliàng jiǎnyàn zhèngmíng）品質検査証明書／**质量**（zhìliàng）品質／**包装**（bāozhuāng）梱包／**需要量**（xūyàoliàng）必要な数量／**更改**（gēnggǎi）変更（する）／**足量**（zúliàng）充分な数量／**货款**（huòkuǎn）商品代金／**具体事项**（jùtǐ shìxiàng）具体的な事項／**正式合同**（zhèngshì hétong）正式な契約書／**进展**（jìnzhǎn）進展

四、甲は、双方が定めた期日に厳格に従って料金精算を行い、代金を支払う。

　以上は甲乙双方の初歩段階の意向であり、具体的な事項およびここに定めのない事項については、双方がさらに協議し、正式な契約書の締結をもって正とする。

五、本意向書は、締結日より2か月経っても双方に進展がない場合、自動的に終了とする。

六、本意向書は2部作成し、双方がそれぞれ1部を所持する。

甲　　：＿＿＿＿＿＿＿＿　印　　　乙　　：＿＿＿＿＿＿＿＿　印
代表者：＿＿＿＿＿＿＿＿　印　　　代表者：＿＿＿＿＿＿＿＿　印

解説　　　　　　　　　　　　　　　　　　　商品買付意向書

　これは、正式契約に調印する前に、当事者双方の意思を確認するため交わされる〈合意書〉である。契約法の品物売買に関する規定によれば、このような合意書を作成する際には、品物の名称、数量、品質、値段などを明記しなければならない。また、合意書のなかで、今後の正式契約の調印のために双方がさらに協力していく可能性があることを表明する。

3-3 土地使用意向書

土地使用意向书

地　　点：_____
日　　期：___年__月__日

甲方（提供方）：_____
地址：_____　　电话：_____

乙方（使用方）：_____
地址：_____　　电话：_____

　　根据国家有关法律规定，双方通过友好协商，就土地使用权事宜，达成以下意向。

一、甲方同意向乙方提供面积为_____平方米拥有使用权的国有土地。该土地位于_____。

二、乙方对该土地的使用年限为____年，使用期自正式合同签字之日起计算。

三、本意向书所指的土地只限用于_____项目的建设，不得他用。

四、甲方向乙方提供"七通一平"（通上水、通污水、通雨水、通电、通路、通气、通讯、平整土地）的基础设施。

五、乙方同意向甲方支付场地使用费，包括土地开发费和土地使用费。土地开发费为每平方米_____元人民币，总额为_____元人民币。土地使用费按国家规定为每年每平方米_____元人民币。

六、其它具体条款，将在签订合同时商定。

七、本意向书自签定之日起2个月后，双方若无任何进展，则自行终止。

土地使用意向書

土地使用意向書

場　　所：＿＿＿＿＿＿
日　付：＿＿年＿月＿日

甲（提供者）：＿＿＿＿＿＿＿＿＿＿＿＿＿
住所：＿＿＿＿＿＿＿＿＿＿＿　　電話番号：＿＿＿＿＿＿＿＿＿＿＿

乙（使用者）：＿＿＿＿＿＿＿＿＿＿＿＿＿
住所：＿＿＿＿＿＿＿＿＿＿＿　　電話番号：＿＿＿＿＿＿＿＿＿＿＿

　国の関連法規の規定に基づき、双方の友好的な話し合いを通じて、土地使用権の件について以下の意向書を締結する。

一、甲は乙に、面積＿＿＿＿平方メートルの、使用権のある国有地を提供することに同意する。土地の所在地は＿＿＿＿＿＿＿。

二、乙の土地使用期間は＿＿年とし、正式な契約の締結日より起算する。

三、本意向書の土地の使用目的は＿＿＿＿＿＿＿プロジェクトの建設に限るものとし、他の目的で使用してはならない。

四、甲は乙にインフラ（上水道、下水道、排水管、電気、ガス、通信、道路、整地した土地）を提供する。

五、乙は甲に対し、土地開発費と土地使用料を含む用地使用料を支払うことに同意する。土地開発費は１平方メートルあたり＿＿＿＿元、総額で＿＿＿＿元とする。土地使用料は国の規定に基づき、毎年１平方メートルあたり＿＿＿＿元とする。

六、その他の具体的な条項については、契約締結時に取り決める。

第3章　意向書（レターオブインテント）・確認書・覚書

八、本意向书一式两份，甲乙双方各执一份。

甲方：＿＿＿＿＿＿＿＿＿＿　公章　　　乙方：＿＿＿＿＿＿＿＿＿＿　公章
代表：＿＿＿＿＿＿＿＿＿＿　章　　　　代表：＿＿＿＿＿＿＿＿＿＿　章

〈単語〉

土地使用权（tǔdì shǐyòngquán）土地使用権／**面积**（miànjī）面積／**国有土地**（guóyǒu tǔdì）国有地／**使用年限**（shǐyòng niánxiàn）使用期間／**项目**（xiàngmù）プロジェクト／**建设**（jiànshè）建設／**他用**（tāyòng）他の目的、別の用途／**上水**（shàngshuǐ）上水道／**污水**（wūshuǐ）污水、下水道／**通雨水**（tōng yǔshuǐ）雨水管を敷設する、雨水排出施設／**通讯**（tōngxùn）通信／**平整**（píngzhěng）地ならしをする／**基础设施**（jīchǔ shèshī）インフラ／**场地使用费**（chǎngdì shǐyòngfèi）用地使用料／**土地开发费**（tǔdì kāifāfèi）土地開発費／**土地使用费**（tǔdì shǐyòngfèi）土地使用料／**进展**（jìnzhǎn）進展

七、本意向書は、締結日より2か月経っても双方に進展がない場合、自動的に終了とする。

八、本意向書は2部作成し、甲乙双方がそれぞれ1部を所持する。

甲　　：＿＿＿＿＿＿＿＿＿＿　印　　乙　　：＿＿＿＿＿＿＿＿＿＿　印
代表者：＿＿＿＿＿＿＿＿＿＿　印　　代表者：＿＿＿＿＿＿＿＿＿＿　印

解説 ---------------------------- **土地使用意向書**

　　中国の土地はすべて国有地である。土地の合理的使用のための、土地使用権の払下げ、譲渡、売出し、賃借に関する法律と政策があり、土地の使用については、土地使用関係の法律に従わなければならない。土地使用意向書において、まずは土地の〈使用権の帰属〉を決め、次に〈賃借期間〉を決める。土地の賃借期間は、住宅地として使用する場合は70年、店舗用地の場合は40年、工業用地は50年とそれぞれ決められている。家屋賃貸借の場合は20年である。賃借期間満了時には契約更新も可能である。さらに土地の〈使用目的〉は重要な条項である。借用人が定めた目的に違反して土地を使用した場合は契約違反とみなされ、賃貸人はそれにより生じた損害賠償を請求することができる。

3-4 施工業務委託意向書

委托施工意向书

地　点：_____
日　期：___年__月__日

建设方（以下简称甲方）：_____
地址：_____　　电话：_____

施工方（以下简称乙方）：_____
地址：_____　　电话：_____

　　就甲方委托乙方施工一事，甲乙双方经磋商，签订此意向书，并将在近期签订正式合同。

一、甲方同意将_____设备安装工程委托给乙方施工，乙方也同意接受此工程委托。乙方根据甲方提供的设备安装图纸，列出了安装材料清单（附件），总价估算为人民币_____元（大写：_____元整）。

二、乙方须根据安装规范，本着认真负责的精神，按时保质地顺利完成该工程。

三、甲方须在施工场地、资金、时间上密切配合乙方，使工程得以顺利进行。工程竣工后的验收、保修事项及其它事项，将在签订合同时列入。

四、本意向书有效期为1个月，逾期无效。

五、本意向书经双方签章后生效。意向书一式两份，双方各执一份。

甲方：_____　公章　　乙方：_____　公章
代表：_____　章　　　代表：_____　章

施工業務委託意向書

施工業務委託意向書

場　　所：＿＿＿＿＿＿＿
日　　付：＿＿年＿月＿日

建築主（以下、甲と称す）：＿＿＿＿＿＿＿＿＿＿＿
住所：＿＿＿＿＿＿＿＿＿＿＿　　電話：＿＿＿＿＿＿＿＿＿＿＿

施工者（以下、乙と称す）：＿＿＿＿＿＿＿＿＿＿＿
住所：＿＿＿＿＿＿＿＿＿＿＿　　電話：＿＿＿＿＿＿＿＿＿＿＿

　甲が乙に施工業務を委託することについて、甲乙双方は協議を経て、ここに意向書を締結し、近く正式な契約書を締結する。

一、甲は、＿＿＿＿＿＿の設備取付工事を乙に委託することに同意する。乙もまた工事の請負に同意する。乙は甲より提供された設備取付図面に基づき、資材リスト（附属文書）を作成した。総額は推定で＿＿＿元（大字：＿＿＿元）とする。

二、乙は取付工事基準に基づき、責任をもって期日と品質を守り、取付工事を滞りなく行うこと。

三、工事を滞りなく進めるため、工事現場、資金、日時などの件で甲は乙と密に協力すること。竣工後の検査、修理保証、その他の事項については契約締結時に組み入れるものとする。

四、本意向書の有効期間は1か月とし、期限を過ぎた場合は無効となる。

五、本意向書は双方の署名捺印後に発効する。意向書は2部作成し、それぞれ1部を所持する。

第3章　意向書（レターオブインテント）・確認書・覚書

〈単語〉

意向书（yìxiàngshū）意向書／**施工**（shīgōng）施工、工事（する）／**磋商**（cuōshāng）協議、交渉／**安装工程**（ānzhuāng gōngchéng）取付工事／**图纸**（túzhǐ）設計図、図面／**材料清单**（cáiliào qīngdān）資材リスト／**总价**（zǒngjià）総額／**估算**（gūsuàn）推算、推定／**规范**（guīfàn）規範、標準／**按时保质**（ànshí bǎozhì）期日を守り品質を保証する／**施工场地**（shīgōng chǎngdì）工事現場／**资金**（zījīn）資金／**竣工**（jùngōng）竣工する、落成する／**验收**（yànshōu）検査／**保修**（bǎoxiū）修理保証／**逾期**（yúqī）期限を過ぎる

施工業務委託意向書

甲　　：＿＿＿＿＿＿＿＿＿＿印　　乙　　：＿＿＿＿＿＿＿＿＿＿印
代表者：＿＿＿＿＿＿＿＿＿＿印　　代表者：＿＿＿＿＿＿＿＿＿＿印

解説 ------------------------ 施工業務委託意向書 -

　このような施工業務委託意向書は、竣工した建物の内装工事のために結ぶ書面意向書である。建築主の委託を受けて、施工者は水道、ガス、電気、内装工事を実施する。安全のため、建築主は国の承認した資格をもつ企業に委託すべきである。具体的には、建築主が施工者に電気設備の取付けを委託する場合、電気技師や電気工のリスト、取付け計画書、電気回路配置図などを提供するよう施行者に求める。正式契約書に調印した後、施工者が工事を完成した後には、主管官庁に安全検査をしてもらう。

3-5 販売確認書

销售确认书

确认书号：_____
日　　期：___年__月__日

卖方：_____
地址：_____　　　　电话：_____

买方：_____
地址：_____　　　　电话：_____

卖买双方同意按下列条款成交：

货号	品名及规格	数量	单价	金额	总金额

一、包装　_____

二、装运唛头　_____

三、装运日期　_____

四、装运码头及目的地　_____

五、付款方式
　　□银行电汇（T/T）方式。买方须于装运日前___天将货款汇至卖方银行账户。卖方收到货款后立即装运。
　　□100%不可撤销即期付款及可转让可分割的信用证方式。信用证须注明可在上述装运日期后15天内议付有效。

販売確認書

　　　　　　　　　　　　　　　確認書番号：＿＿＿＿＿＿
　　　　　　　　　　　　　　　日　　付：＿＿年＿月＿日

売主：＿＿＿＿＿＿＿＿＿＿＿＿
住所：＿＿＿＿＿＿＿＿＿＿＿＿　　　電話：＿＿＿＿＿＿＿＿＿＿＿＿

買主：＿＿＿＿＿＿＿＿＿＿＿＿
住所：＿＿＿＿＿＿＿＿＿＿＿＿　　　電話：＿＿＿＿＿＿＿＿＿＿＿＿

双方は以下の取引に同意する。

積荷番号	商品名および仕様	数量	単価	金額	総額

一、梱包　＿＿＿＿＿＿＿＿＿＿＿＿＿＿＿＿＿＿＿

二、荷印　＿＿＿＿＿＿＿＿＿＿＿＿＿＿＿＿＿＿＿

三、船積日　＿＿＿＿＿＿＿＿＿＿＿＿＿＿＿＿＿＿＿

四、船積港および目的地　＿＿＿＿＿＿＿＿＿＿＿＿＿＿＿＿＿

五、支払い方法
　　□電信送金為替（T/T）方式。買主は船積日の＿＿＿＿＿＿日前までに商品代金を売主の銀行口座に為替送金すること。売主は代金を受領後ただちに船積みを行う。
　　□100％取消不能一覧払いおよび譲渡可能・分割可能信用状方式。信用状には船積み後15日有効と明記すること。

第3章　意向書（レターオブインテント）・確認書・覚書

六、保险
　□由买方投保＿＿＿＿险。
　□由卖方投保＿＿＿＿险。

七、其他
1．本确认书所述全部或部分商品，如因不可抗拒的原因，以致不能履约或延迟交货，卖方概不负责。
2．本确认书一式两份，买卖双方各执一份。

卖方：＿＿＿＿＿＿＿＿＿＿　公章　　买方：＿＿＿＿＿＿＿＿＿＿　公章

〈単語〉

确认书（quèrènshū）確認書／**成交**（chéngjiāo）契約が成立する、成約する／**货号**（huòhào）積荷番号／**包装**（bāozhuāng）梱包／**装运唛头**（zhuāngyùn màitóu）荷印、シッピング・マーク／**装运日期**（zhuāngyùn rìqī）船積日／**装运码头**（zhuāngyùn mǎtóu）船積埠頭／**付款方式**（fùkuǎn fāngshì）支払方法／**银行电汇**（yínháng diànhuì）電信送金為替／**货款**（huòkuǎn）商品代金／**银行账户**（yínháng zhànghù）銀行口座／**不可撤销**（bùkě chèxiāo）取消不能／**即期付款**（jìqī fùkuǎn）一覧払い／**转让**（zhuǎnràng）譲渡する／**分割**（fēngē）分割する／**信用证**（xìnyòngzhèng）信用状、L/C／**注明**（zhùmíng）明記する、はっきり書き入れる／**议付**（yìfù）協議して支払う、証拠書類に基づいて支払う／**保险**（bǎoxiǎn）保険／**投保**（tóubǎo）保険に加入する

六、保険
　□買主は_____保険に加入する。
　□売主は_____保険に加入する。

七、その他
1．本確認書に記載したすべてあるいは一部の商品について、不可抗力による原因によって約束を履行できなかったり、納品が遅れる場合、売主はその責任を一切負わないものとする。
2．本確認書は2部作成し、双方が1部ずつを所持する。

売主：_____　印　　買主：_____　印

解説　　　　　　　　　　　　　　　　　　　　販売確認書

　販売確認書は、主に売買双方が、取引貨物と、どういう国際取引条件で売買を行うかについて確認するために作成する。国際取引条件にはさまざまあるが、実務上は、CIF方式あるいはFOB方式を採用する。取引条件を決定したら、支払方法を決める。支払いは現金でもよいし、小切手またはL/G方式でも可能である。本書サンプルは、基本契約を結んだ上での日常的な取引に使用されるものである。少額少量の取引では、複雑な契約書を作成しない場合がある。

3-6 会议觉书

会谈备忘录

地　　点：＿＿＿＿＿＿＿
日　　期：＿＿年＿月＿日

甲方：＿＿＿＿＿＿＿＿＿＿＿＿＿＿＿
地址：＿＿＿＿＿＿＿＿＿＿＿＿＿＿＿　　电话：＿＿＿＿＿＿＿＿＿＿＿＿＿＿＿

乙方：＿＿＿＿＿＿＿＿＿＿＿＿＿＿＿
地址：＿＿＿＿＿＿＿＿＿＿＿＿＿＿＿　　电话：＿＿＿＿＿＿＿＿＿＿＿＿＿＿＿

事由：有关＿＿＿＿产品的生产技术转让以及制造的会谈备忘录

一、应乙方要求，甲方将现行的＿＿＿＿产品生产专有技术转让给乙方。

二、乙方有意向甲方购买生产上述产品所需的全部设备和材料，以便自行生产（详见甲方提供的材料清单）（略）。

三、乙方在生产上述产品时，应聘请甲方的工程技术专家进行技术指导。

四、如果转让成功，此次转让的付款条件是乙方须开设以甲方为受益人的不可撤销的信用证，以美元支付。

五、本备忘录中的一、二、三、四条是一个完整的整体（但是否转让专利是可以进一步探讨的）。

六、关于转让专有技术一事，甲方须与有关部门进行详尽讨论。在研究乙方所提出的协议书草案后，甲方将向乙方发出邀请，邀请乙方派代表团赴甲方工厂参观考察，以便进一步讨论上述产品专有技术转让的可能性。

七、双方均有义务对本备忘录保密。

会議覚書

場所：＿＿＿＿＿＿
日付：＿＿年＿月＿日

甲　：＿＿＿＿＿＿＿＿＿＿
住所：＿＿＿＿＿＿＿＿＿＿　　電話：＿＿＿＿＿＿＿＿＿＿

乙　：＿＿＿＿＿＿＿＿＿＿
住所：＿＿＿＿＿＿＿＿＿＿　　電話：＿＿＿＿＿＿＿＿＿＿

事由：＿＿＿＿＿＿製品の生産技術譲渡および製造について

一、乙の要求に応じて、甲は、現在生産している＿＿＿＿＿＿製品の生産技術のノウハウを乙に譲渡する。

二、上記製品の生産に必要な設備や材料すべてを、乙は甲から購入したいと考えている（詳しくは甲提供の資材リストを参照）（略）。

三、乙が上記製品を生産する際、甲の専門技術者を招いて技術指導を受けること。

四、譲渡に成功した場合の支払条件として、乙は甲を受取人とした取消不能信用状を開設し、米ドルで支払う。

五、本覚書の一〜四項は全体の合意内容である（ただし、特許の譲渡についてはさらに検討してもよい）。

六、ノウハウの譲渡の件に関して、甲は関連部門と詳細に検討を行うこと。乙から提出された合意書草案を検討した後、上記製品のノウハウ譲渡の可能性について一層の検討を行うため、甲は乙の代表団を工場視察に招聘する。

第3章　意向書（レターオブインテント）・確認書・覚書

甲方代表：＿＿＿＿＿＿＿＿＿＿＿＿＿　　章

乙方代表：＿＿＿＿＿＿＿＿＿＿＿＿＿　　章

〈単語〉

会谈备忘录（huìtán bèiwànglù）会議備忘録、覚書、議事録／**生产技术**（shēngchǎn jìshù）生産技術／**专有技术**（zhuānyǒu jìshù）ノウハウ／**转让**（zhuǎnràng）譲渡する／**购买**（gòumǎi）購買する、買う／**设备**（shèbèi）設備／**材料清单**（cáiliào qīngdān）資材リスト／**工程技术专家**（gōngchéng jìshù zhuānjiā）専門技術者、エンジニア／**技术指导**（jìshù zhǐdǎo）技術指導／**付款条件**（fùkuǎn tiáojiàn）支払条件／**受益人**（shòuyìrén）受益者、受取人／**信用证**（xìnyòngzhèng）信用状、L/C／**完整的整体**（wánzhěng de zhěngtǐ）全体／**专利**（zhuānlì）特許／**探讨**（tàntǎo）検討する／**草案**（cǎo'àn）草案／**代表团**（dàibiǎotuán）代表団／**参观考察**（cānguān kǎochá）見学する、視察する／**保密**（bǎomì）機密保持、機密を守る

164

七、甲乙双方はともに本覚書の内容を極秘とする義務をもつ。

甲代表者：＿＿＿＿＿＿＿＿＿＿＿＿＿　印

乙代表者：＿＿＿＿＿＿＿＿＿＿＿＿＿　印

解説　　　　　　　　　　　　　　　　　　　　　　　**会議覚書**

　会議の覚書は、協力する意思をもつ双方が、ある分野で協力しようとするために作成するものである。その意思は双方が協力するための重要な基礎となるものなので、議事録の中で明記すべきである。次に、ここでは協力の内容はノウハウの譲渡であり、覚書には譲渡の範囲やノウハウの譲渡代金も明記すべきである。知的所有権に対する認識も意識もまだ低い中国では、自らの権利と利益を守るためにも、ノウハウや特許の譲渡にきちんとした契約書を結ぶ必要がある。

索　引

中日索引　168
日中索引　179

索引

中日索引

数字は中国語の用語の掲載ページ

a

安全监控	ānquán jiānkòng	セキュリティ・モニタリング	98
安全行驶	ānquán xíngshǐ	安全運転	96
安装工程	ānzhuāng gōngchéng	取付工事	154
案件	ànjiàn	事件	116
按时保质	ànshí bǎozhì	期日を守り品質を保証する	154

b

百分比	bǎifēnbǐ	パーセンテージ	40
败诉	bàisù	敗訴する	30、132
颁发	bānfā	発行する、授与する	102
办公用房	bàngōng yòngfáng	事務所用スペース	100
包装	bāozhuāng	梱包	40、58、64、146、158
包装费	bāozhuāngfèi	梱包費	40
保安服务	bǎo'ān fúwù	警備業務	116
保安区域	bǎo'ān qūyù	警備担当エリア	116
保安员	bǎo'ānyuán	警備員	118
保管	bǎoguǎn	保管する	64
保密	bǎomì	機密保持、機密を守る	40、82、144、162
保险	bǎoxiǎn	保険	160
保险费	bǎoxiǎnfèi	保険料	40、46、94
保险公司	bǎoxiǎn gōngsī	保険会社	120
保修	bǎoxiū	修理保証	154
保养	bǎoyǎng	手入れする	50
保用	bǎoyòng	（修理・交換などを）保証する	50
保证金	bǎozhèngjīn	保証金	110
保证期	bǎozhèngqī	保証期間	28
保质保量	bǎozhì bǎoliàng	品質と数量を保証する	74
报酬	bàochóu	報酬	118、136
报价	bàojià	オファー	38
爆炸	bàozhà	爆発	60
备案	bèi'àn	報告して記録を残す	48、112
备货待装	bèihuò dàizhuāng	船積み準備	26
备品	bèipǐn	予備品、スペア	52
备注	bèizhù	備考	78、146
本金	běnjīn	元金	124
贬值	biǎnzhí	通貨切り下げ、貨幣価値の下落、価値が下がる、価値を下げる	28
便利店	biànlìdiàn	コンビニエンスストア	98
变质	biànzhì	変質（する）	58、66
播出（刊登）次数	bōchū kāndēng cìshù	放送（掲載）回数	82
补偿	bǔcháng	補償する、補填する	68、102
补充	bǔchōng	補充、補足	80、104
补交	bǔjiāo	不足分を納める	112
补救	bǔjiù	挽回する、回復する	126
补贴	bǔtiē	補助する、補填する、手当て	98
补贴津贴	bǔtiē jīntiē	手当	94
补足	bǔzú	補充する	46
不可撤销	bùkě chèxiāo	取消不能	158
不可抗力	bùkěkànglì	不可抗力	60、68
布置	bùzhì	アレンジする、飾り付ける	50

c

裁定	cáidìng	裁定する	132
材料清单	cáiliào qīngdān	資材リスト	156、162
财物	cáiwù	金銭と物資	112
财务报表	cáiwù bàobiǎo	財務報告書	100、126
财务监督	cáiwù jiāndū	会計監査	100
财务专用章	cáiwù zhuānyòngzhāng	財務印	34
财务资料	cáiwù zīliào	財務資料	130
采购	cǎigòu	購入する、買い付ける	144

168

中日索引

采购资料	cǎigòu zīliào	資材調達資料	130
参观考察	cānguān kǎochá	見学する、視察する	162
仓储	cāngchǔ	倉庫に蓄える	32、64
操作使用说明书	cāozuò shǐyòng shuōmíngshū	操作・使用説明書	24
操作手册	cāozuò shǒucè	操作ハンドブック	130
草案	cǎo'àn	草案	162
测试仪器	cèshì yíqì	測定機器	50
差错	chācuò	ミス	66
差额	chā'é	差額	68
查实	cháshí	調べて確認する	144
查询	cháxún	問い合わせる	78
产地	chǎndì	産地	72
产品名称	chǎnpǐn míngchēng	商品名	146
产品说明书	chǎnpǐn shuōmíngshū	商品説明書	80
产品验收手册	chǎnpǐn yànshōu shǒucè	製品検査ハンドブック	34
产品样本	chǎnpǐn yàngběn	製品カタログ	50
长	cháng	長さ	26
偿付	chángfù	支払う、返済する	34、60
偿还	chánghuán	返済する	126
常年	chángnián	長期	136
长途运输	chángtú yùnshū	長距離輸送	94
场地使用费	chǎngdì shǐyòngfèi	用地使用料	150
超时工作	chāoshí gōngzuò	時間外労働	94
车辆	chēliàng	車	94
撤换	chèhuàn	入れ替える	118
撤销	chèxiāo	取り消す、撤回する	26
陈列	chénliè	展示する	50
称职	chènzhí	職務担当能力がある	120
承付	chéngfù	支払う	26
成交	chéngjiāo	契約が成立する、成約する	158
承诺	chéngnuò	承諾する	108
承运	chéngyùn	輸送を引き受ける	56
筹建	chóujiàn	計画して建設する	50
初步	chūbù	初歩の、初歩的な	146
出具	chūjù	書類を作成・発行する	32、68、76
出卖	chūmài	売却する	110
出入口	chūrùkǒu	出入り口	116
出入库	chūrùkù	出入庫	66
出租	chūzū	リース、レンタル、賃貸する	88、108
储存	chǔcún	貯蔵する、蓄える	64
船名	chuánmíng	船の便名、船の名前	28
戳记	chuōjì	スタンプ	66
此面向上	cǐmiàn xiàngshàng	天地無用	26
存货	cúnhuò	商品をストックする、在庫品	64
磋商	cuōshāng	協議、交渉	154

d

大写	dàxiě	漢数字の大字（証書類に用いる）	44
代表团	dàibiǎotuán	代表団	162
代垫费用	dàidiàn fèiyòng	立替え費用	74
贷款	dàikuǎn	貸付金	124
代理	dàilǐ	代理人	130
代销	dàixiāo	代理販売する	38、72
待遇	dàiyù	待遇	94
单价	dānjià	単価	82
单据	dānjù	証明書	76
当事人	dāngshìrén	当事者	66
档案	dàng'àn	文書、資料	98
到货通知书	dàohuò tōngzhīshū	貨物到着通知	58
道路	dàolù	道路	98
抵偿	dǐcháng	賠償する、補償する	68
抵达	dǐdá	到着する	26
地方法院	dìfāng fǎyuàn	地方裁判所	42
第三方	dìsānfāng	第三者	110、130
地震	dìzhèn	地震	90、104
点清	diǎnqīng	点検する	110
电费	diànfèi	電気料金	110
电告	diàngào	電報やファックス、メールで知らせる	28

169

索引

电汇	diànhuì	電信送金為替、T/T 26、44、126
电路设计	diànlù shèjì	電気回路設計 130
电梯	diàntī	エレベータ 98
调度权	diàodùquán	配車権 96
调回	diàohuí	呼び戻す 94
吊具	diàojù	吊り金具 60
订单	dìngdān	注文書 38
定价政策	dìngjià zhèngcè	価格決定計画 130
短缺	duǎnquē	不足 58
短少	duǎnshǎo	不足する 68

f

发案现场	fā'àn xiànchǎng	事件現場 116
发货	fāhuò	商品を発送する 68
发货通知单	fāhuò tōngzhīdān	出荷通知書、出荷伝票 40、72
发票	fāpiào	インボイス、送り状、領収書 40
发运	fāyùn	積み出す、出荷する 60、68
罚款	fákuǎn	罰金を取る、罰金 32
法规	fǎguī	法規 98
返利	fǎnlì	利益変換 142
返修	fǎnxiū	再修理する 46
防爆炸	fáng bàozhà	爆発防止 116
房产所有权	fángchǎn suǒyǒuquán	不動産所有権 110
房产所有者	fángchǎn suǒyǒuzhě	不動産所有者 110
防潮	fángcháo	防湿、湿気を防ぐ 24
防盗	fángdào	盗難防止 116
防护	fánghù	守る、防護する 24
防火	fánghuǒ	火災防止 116
房屋	fángwū	建物 98、108
房屋倒塌	fángwū dǎotā	家屋倒壊 90
防治安事故	fáng zhì'ān shìgù	治安事故防止 116
分割	fēngē	分割する 158
分摊	fēntān	分担する、割り勘にする 104
分析	fēnxī	分析する 136
风险抵押金	fēngxiǎn dǐyājīn	保証金 102

福利费用	fúlì fèiyòng	福利経費 118
腐蚀	fǔshí	腐食 60
抚恤金	fǔxùjīn	補償金 120
复检	fùjiǎn	再検査 78
附件	fùjiàn	附属書類、添付資料 76
附件	fùjiàn	付属品、部品 88
付款	fùkuǎn	支払う 68、94
付款方式	fùkuǎn fāngshì	支払方法 118、158
付款时间	fùkuǎn shíjiān	支払日 118
付款条件	fùkuǎn tiáojiàn	支払条件 162
附属设备	fùshǔ shèbèi	付帯設備 98
复印	fùyìn	コピー 132
复印机	fùyìnjī	コピー機 88
复印件	fùyìnjiàn	コピー 126
复制	fùzhì	複製する 130

g

改扩建	gǎikuòjiàn	増改築する 100
改装	gǎizhuāng	梱包を変える 40
盖章	gàizhāng	捺印する 42
干扰	gānrǎo	邪魔する、妨害する 142
高	gāo	高さ 26
格式	géshì	書式、フォーマット 78
更改	gēnggǎi	変更（する） 58、104、146
更换	gēnghuàn	取り替える 28、52、90
公安机关	gōng'ān jīguān	公安機関 98
工程技术专家	gōngchéng jìshù zhuānjiā	専門技術者、エンジニア 162
工程设计	gōngchéng shèjì	プロセスデザイン、工程設計 130
公共场地	gōnggòng chǎngdì	共用スペース 98
工具	gōngjù	工具、道具、器具 50
公开技术	gōngkāi jìshù	公開技術 82
供水设备	gōngshuǐ shèbèi	給水設備 98
公司章程	gōngsī zhāngchéng	定款 126
工艺	gōngyì	原材料または半製品を加工して製品化す

中日索引

中文	拼音	日本語	ページ
		る仕事・方法・技術	
		などをいう	28
工艺不佳	gōngyì bùjiā	技術欠陥	28
工艺流程	gōngyì liúchéng		
		生産プロセス	130
供应	gōngyìng	供給	74
共用设施	gōngyòng shèshī		
		共用施設	98
工资	gōngzī	賃金、給与	118
工作标准	gōngzuò biāozhǔn		
		作業基準	102
工作日	gōngzuòrì	営業日	82、126
共用部位	gòngyòng bùwèi		
		共用部分	98
共用照明	gòngyòng zhàomíng		
		共用照明	98
购买	gòumǎi	購買する、買う	44、162
购买权	gòumǎiquán	購買権	110
购入	gòurù	買入れ	32
购销	gòuxiāo	買付けと販売	146
估算	gūsuàn	推算、推定	154
固定利率	gùdìng lìlǜ	固定金利	124
顾问费	gùwènfèi	顧問料	136
故障	gùzhàng	故障する	90
挂号	guàhào	書留	28
管理分项标准	guǎnlǐ fēnxiàng biāozhǔn		
		管理規約	102
罐车	guànchē	タンクローリー	60
广告	guǎnggào	広告	80
广告费	guǎnggàofèi	広告料	80
广告经营公司	guǎnggào jīngyíng gōngsī		
		広告会社	80
规范	guīfàn	規範、標準	154
规格	guīgé	規格、仕様	56、64
规格质量证明	guīgé zhìliàng zhèngmíng		
		規格品質証明書	60
归还	guīhuán	返却する	132
规章制度	guīzhāng zhìdù		
		規則、規定	100
国家鉴定组织	guójiā jiàndìng zǔzhī		
		国の品質鑑定機関	144
国有土地	guóyǒu tǔdì	国有地	150
过错	guòcuò	過失、ミス	60、96
h			
海关税	hǎiguānshuì	関税	40
海运	hǎiyùn	海運	24
函电	hándiàn	手紙・電報・メール	
		の総称	130
航邮	hángyóu	航空便	26
合约	héyuē	契約	38
洪水	hóngshuǐ	洪水	104
互换	hùhuàn	交換する	110
化验报告	huàyàn bàogào	化学検査報告書	60
还款	huánkuǎn	返済	126
恢复原状	huīfù yuánzhuàng		
		原状を回復する	110
回扣	huíkòu	バックマージン	142
毁坏	huǐhuài	損傷する	112
毁损	huǐsǔn	破損する	66
汇付	huìfù	為替で送金する	126
会谈备忘录	huìtán bèiwànglù		
		会議備忘録、覚書、	
		議事録	162
货号	huòhào	積荷番号	158
货款	huòkuǎn	商品代金	
			26、74、146、158
获利	huòlì	利益を得る	38
获取	huòqǔ	得る、手に入れる	132
货物	huòwù	商品、品物	56、64
j			
基本工资	jīběn gōngzī	基本給	94
基本印数	jīběn yìnshù	基本印刷枚数	90
基础设施	jīchǔ shèshī	インフラ	150
基建	jījiàn	インフラ	144
机身编码	jīshēn biānmǎ	製造番号	88
及时	jíshí	適時である	66
即期付款	jíqī fùkuǎn	一覧払い	158
即期汇票	jíqī huìpiào	一覧払い為替手形	26
技术报告	jìshù bàogào	技術報告	130
技术方案	jìshù fāng'àn	技術プラン	130
技术文档	jìshù wéndàng	技術関連書類	130
技术指标	jìshù zhǐbiāo	技術指標	130、142
技术指导	jìshù zhǐdǎo	技術指導	50、162
计算机软件	jìsuànjī ruǎnjiàn		
		コンピュータソフト	130
记载	jìzǎi	記載する	100

171

索引

加班工资	jiābān gōngzī	残業代	94
加固	jiāgù	補強する	40
加急费	jiājífèi	特急料金	76、82
加价	jiājià	値上げする	100
价格	jiàgé	価格	142
价目表	jiàmùbiǎo	価格表	40
驾驶	jiàshǐ	運転	96
检测报告	jiǎncè bàogào	検査報告	130
检查	jiǎnchá	検査	110
检验	jiǎnyàn	検査する	32、76
检验证书	jiǎnyàn zhèngshū	検査証明書	28
鉴定	jiàndìng	鑑定	104
鉴定费	jiàndìngfèi	鑑定費用	34
建设	jiànshè	建設	150
健身房	jiànshēnfáng	フィットネスジム	98
建议	jiànyì	提案、意見	136
建筑面积	jiànzhù miànjī	建築面積	108
奖惩	jiǎngchéng	賞罰	102
奖励	jiǎnglì	奨励する、報奨	102、142
讲授	jiǎngshòu	教授する、講じる	136
交货	jiāohuò	納品、引き渡す	40、44、68
交货地点	jiāohuò dìdiǎn	納品場所	72
交纳	jiāonà	支払う、納付する	66、88
交易	jiāoyì	取引	142
缴纳	jiǎonà	支払う	110
教育	jiàoyù	教育	118
接受	jiēshòu	引き受ける	76
结构	jiégòu	構造	110
结算	jiésuàn	決済	34、44、52、56、68
节余	jiéyú	節約して残ったお金や物、剰余	102
解除	jiěchú	解除する	58
借款	jièkuǎn	借金、借入金	124
进出口手续	jìnchūkǒu shǒuxù	輸出入手続き	46
进货价格	jìnhuò jiàgé	仕入れ価格	68
进货渠道	jìnhuò qúdào	仕入れルート	130
进展	jìnzhǎn	進展	148、150
经办人	jīngbànrén	担当者	66
经办人员	jīngbàn rényuán	取扱者	142
经济动向	jīngjì dòngxiàng	経済動向	136
经济顾问	jīngjì gùwèn	コンサルタント	136
经济损失	jīngjì sǔnshī	経済的損失	66
精通	jīngtōng	精通する	38
经营性商业用房	jīngyíngxìng shāngyè yòngfáng	店舗用スペース	100
警卫	jǐngwèi	警備	116
净重	jìngzhòng	純量、ネット	26
纠纷	jiūfēn	紛争、もめごと	46、68
具体事项	jùtǐ shìxiàng	具体的な事項	148
决算报告	juésuàn bàogào	決算報告	100
竣工	jùngōng	竣工する、落成する	154
竣工资料	jùngōng zīliào	竣工資料	100

k

开户银行	kāihù yínháng	口座開設銀行	52、118
开具	kāijù	作成する	90
开业	kāiyè	開業する	52
抗震	kàngzhèn	耐震	24
考核标准	kǎohé biāozhǔn	チェック基準	102
客户名单	kèhù míngdān	顧客リスト	130
空仓费	kōngcāngfèi	不積み運賃、空積み運賃	26
空运	kōngyùn	空輸	24
扣回	kòuhuí	差し引く	74
扣压	kòuyā	差し止める	58
宽	kuān	幅	26
款项	kuǎnxiàng	金、金額	90

l

垃圾	lājī	ゴミ	98
来件组装	láijiàn zǔzhuāng	部品組立て、ノックダウン	44
来料加工	láiliào jiāgōng	原料を提供しての委託加工	44
来往账目	láiwǎng zhàngmù	会計、勘定、取引帳簿	52
劳务费	láowùfèi	労働報酬	68
类似	lèisì	類似する	38
理赔	lǐpéi	（契約に従い）賠償	

中日索引

		する	120
利率	lìlǜ	利率	124
利息	lìxī	利息、利子	88
历月	lìyuè	月	126
联运	liányùn	複合一貫輸送、複合輸送	60
零件	língjiàn	部品、パーツ	44
零件图册	língjiàn túcè	部品図	50
零配件	língpèijiàn	部品、パーツ	44、88
领证凭条	lǐngzhèng píngtiáo	受領書付け	76
另议	lìngyì	別途協議する	136
履行	lǚxíng	履行する	68、130
履约	lǚyuē	契約を履行する、約束通りに行う	28
律师费	lǜshīfèi	弁護士費用	34

m

毛重	máozhòng	総重量、グロス	26
煤气费	méiqìfèi	ガス代	110
媒体	méitǐ	メディア、媒体	132
免费	miǎnfèi	無料	88
免责事宜	miǎnzé shìyí	免責事項	90
面积	miànjī	面積	80、150
灭失	mièshī	紛失する	68
模具	mójù	金型、鋳型	130
模型	móxíng	模型	50、130
目的地	mùdìdì	目的地	58

n

年度费用预算	niándù fèiyòng yùsuàn	年次予算	100
年度管理计划	niándù guǎnlǐ jìhuà	年次管理計画	100
扭送	niǔsòng	犯人を捕まえて警察に引き渡す	116

p

派遣	pàiqiǎn	派遣する	50
赔偿	péicháng	賠償する、弁償する	24、34、46、58、96
赔偿责任	péicháng zérèn	賠償責任	66
培训	péixùn	研修（する）	46、50
培养	péiyǎng	育成する	136
配电系统	pèidiàn xìtǒng	配電設備	98
配方	pèifāng	調合方法	130
配套服务设施	pèitào fúwù shèshī	付帯サービス施設	98
批准证书	pīzhǔn zhèngshū	批准証書	126
品名	pǐnmíng	品名	64
品牌	pǐnpái	機種	88
聘请	pìnqǐng	招聘する	116、136
平方米	píngfāngmǐ	平方メートル	100、108
凭据	píngjù	領収書、荷受書	56
平整	píngzhěng	地ならしをする	150
破产	pòchǎn	破産、倒産	126
普通大众	pǔtōng dàzhòng	一般人	132
铺面	pùmiàn	店構え、店先	50

q

期满	qīmǎn	満期になる	88
齐全	qíquán	そろっている	66
起诉	qǐsù	起訴する、提訴する	68、82
启运	qǐyùn	運送を始める	28
起止日期	qǐzhǐ rìqī	開始日と終了日	80
洽商	qiàshāng	協議する	52
洽谈	qiàtán	面談する	146
迁空	qiānkōng	引き払う	110
签收日期	qiānshōu rìqī	受領日	66
签字	qiānzì	署名する	42
亲属	qīnshǔ	親族	142
清单	qīngdān	明細書、リスト	44
清洁海运提单	qīngjié hǎiyùn tídiān	無故障船荷証券、クリーンB/L	26
倾销	qīngxiāo	投げ売りをする、ダンピング	42
清运	qīngyùn	輸送、片付け	98
权利	quánlì	権利	40、58
全权代理	quánquán dàilǐ	全権代理	38
缺陷	quēxiàn	欠陥、不備	60
确认书	quèrènshū	確認書	158

索引

r

燃料	ránliào	燃料	94
让利	rànglì	利益譲渡	142
人才	réncái	人材	136
人身	rénshēn	人身	110
人身伤亡	rénshēn shāngwáng	死傷	34
人身意外保险	rénshēn yìwài bǎoxiǎn	傷害保険、労災保険	118
日常保养	rìcháng bǎoyǎng	日常の手入れ、メンテナンス	88
融资	róngzī	融資	124
如实	rúshí	事実に基づいて	76

s

删除	shānchú	削除する	132
善后处理	shànhòu chǔlǐ	善後策、後始末	104
商标	shāngbiāo	商標	46
商检证书	shāngjiǎn zhèngshū	商品検査証明書	28
商品检验局	shāngpǐn jiǎnyànjú	商品検査局	26
商业机密	shāngyè jīmì	商業機密	142
上水	shàngshuǐ	上水道	150
上下水管道	shàngxiàshuǐ guǎndào	上下水道管	98
设备	shèbèi	設備	162
设施	shèshī	施設	98
审核	shěnhé	チェックする、審査する	76
生产厂家	shēngchǎn chǎngjiā	メーカー	24
生产技术	shēngchǎn jìshù	生産技術	162
生产许可证	shēngchǎn xǔkězhèng	生産許可書	146
施工	shīgōng	施工、工事（する）	110、154
施工场地	shīgōng chǎngdì	工事現場	154
失效	shīxiào	失効する	66
实物	shíwù	実物	142
实验数据	shíyàn shùjù	実験データ	130
使用年限	shǐyòng niánxiàn	使用期間	150
试验结果	shìyàn jiéguǒ	試験結果	130
收货	shōuhuò	荷受けする	56
收集	shōují	収集	98
收集信息	shōují xìnxī	情報を収集する	38
收取	shōuqǔ	徴収する	78、90
收入	shōurù	収入	100
收佣	shōuyōng	手数料を受け取る	40
手续费	shǒuxùfèi	手数料	74
受贿	shòuhuì	賄賂を受け取る	142
受伤	shòushāng	けがをする、負傷する	120
受益人	shòuyìrén	受益者、受取人	26、162
熟知	shúzhī	熟知する	132
数据	shùjù	データ	32
数据库	shùjùkù	データベース	130
数量	shùliàng	数量	64
水费	shuǐfèi	水道料金	110
水灾	shuǐzāi	水害	90
税务	shuìwù	税務	52
顺延	shùnyán	順延する	126
司机	sījī	運転手	94
诉讼	sùsòng	訴訟を起こす	42
损耗	sǔnhào	損耗、消耗	66
损耗率	sǔnhàolǜ	損耗率	46
损坏	sǔnhuài	損壊（する）	58、66
损伤	sǔnshāng	損傷する	24
索贿	suǒhuì	賄賂を要求する	142
索赔	suǒpéi	求償、クレーム	28
索赔期	suǒpéiqī	損害賠償請求期限	66
索取	suǒqǔ	請求する	78
所属设施	suǒshǔ shèshī	付帯施設	110

t

他用	tāyòng	他の目的、別の用途	150
台风	táifēng	台風	104
探讨	tàntǎo	検討する	162
特殊物品	tèshū wùpǐn	特殊品	66
提供情况	tígōng qíngkuàng	情報を提供する、情報供給	116
提货	tíhuò	倉出しする	66
提取	tíqǔ	受け取る	58

中文	ピンイン	日本語	頁
替代	tìdài	代わる	126
替换	tìhuàn	交換する	90
调解	tiáojiě	調停する	68
条款	tiáokuǎn	条項	24
停车场	tíngchēchǎng	駐車場	98
通讯	tōngxùn	通信	150
通讯费	tōngxùnfèi	通信料金	110
通雨水	tōng yǔshuǐ	雨水管を敷設する、雨水排出施設	150
投保	tóubǎo	保険に加入する	26、160
投诉	tóusù	訴え出る	142
透露	tòulù	漏らす	40
图纸	túzhǐ	設計図、図面	130、154
土地开发费	tǔdì kāifāfèi	土地開発費	150
土地使用费	tǔdì shǐyòngfèi	土地使用料	150
土地使用权	tǔdì shǐyòngquán	土地使用権	150
推广期	tuīguǎngqī	販促期	40
推销	tuīxiāo	販売する、セールスする	38
退还	tuìhuán	返却する	102、110
退换	tuìhuàn	（買ったものを）取り替える	46
退回	tuìhuí	返却する	82
退交	tuìjiāo	明け渡す	110
脱节	tuōjié	食い違う	74
拖欠	tuōqiàn	返済を遅らせる	124
托收	tuōshōu	取立為替	26
拖延	tuōyán	引き延ばす	144
托运	tuōyùn	輸送を委託する	56
拓展用户	tuòzhǎn yònghù	顧客開拓	38

W

外观	wàiguān	外観、外見、見かけ	66
完好	wánhǎo	完全である、傷がない	110
完整的整体	wánzhěng de zhěngtǐ	全体	162
危险物品	wēixiǎn wùpǐn	危険物	66
维护保养	wéihù bǎoyǎng	メンテナンス	24、96
违纪	wéijì	規律違反	118
维修	wéixiū	修理、修繕、メンテナンス	88、98、110
维修服务中心	wéixiū fúwù zhōngxīn	サービスセンター	50
维修人员	wéixiū rényuán	メンテナンススタッフ	90
违约	wéiyuē	違反する	48
违约金	wéiyuējīn	違約金	34、58、66、82
违约责任	wéiyuē zérèn	違約責任	120
委托	wěituō	委託する	38、72、98
卫生许可证	wèishēng xǔkězhèng	衛生許可書	146
位置	wèizhi	位置	80
文化娱乐活动	wénhuà yúlè huódòng	イベント活動	98
污染	wūrǎn	汚染する	68
污水	wūshuǐ	汚水、下水道	150
无息	wúxī	無利息	110
物业管理	wùyè guǎnlǐ	不動産管理	98
物业管理费	wùyè guǎnlǐfèi	ビル管理費	110

X

牺牲	xīshēng	死亡する	120
现钞	xiànchāo	現金	142
现金	xiànjīn	現金、キャッシュ	102
限期整改	xiànqī zhěnggǎi	指定期日内に整備する	102
箱号	xiānghào	コンテナ番号	26
详情	xiángqíng	詳細	68
项目	xiàngmù	プロジェクト	150
消耗材料	xiāohào cáiliào	消耗品	90
销售	xiāoshòu	販売	72
销售代理人	xiāoshòu dàilǐrén	販売代理人	38
小心轻放	xiǎoxīn qīngfàng	取扱注意	26
协商	xiéshāng	協議する、話し合う	24

索引

协议	xiéyì	合意書	38
卸货	xièhuò	荷下ろしする	34、56
卸货港口	xièhuò gǎngkǒu	陸揚港	26
泄露	xièlòu	漏らす	130
泄密	xièmì	機密を漏洩する	82、130
新产品	xīn chǎnpǐn	新製品	38
薪水	xīnshuǐ	給与	52
信息	xìnxī	情報	136
信用证	xìnyòngzhèng	信用状、L/C	26、158、162
型号	xínghào	型番	88
行贿	xínghuì	賄賂を贈る、袖の下を握らせる	142
行使	xíngshǐ	行使する	126
刑事责任	xíngshì zérèn	刑事責任	66
行销计划	xíngxiāo jìhuà	販売計画	130
修复	xiūfù	修復する	90
修改	xiūgǎi	修正（する）	46、80
修理费用	xiūlǐ fèiyòng	修理費用	96
修缮	xiūshàn	修繕	110
锈蚀	xiùshí	腐食する、さびる	24
虚报	xūbào	偽りの報告をする	42
虚假	xūjiǎ	うそである、偽りである	42、144
需要量	xūyàoliàng	必要な数量	146
续订	xùdìng	（契約を）更新する	104、138
选聘	xuǎnpìn	招聘する、募集する	100
巡逻	xúnluó	パトロール	116
巡视	xúnshì	パトロール	98

y

押金	yājīn	保証金	88
延长	yáncháng	延長する、延ばす	28
延迟	yánchí	遅延する	46、82
研究开发记录	yánjiū kāifā jìlù	研究開発記録	130
延期	yánqī	延期する	68
延续	yánxù	継続する、延長する	124
验收	yànshōu	検査	34、46、66、154
验收期限	yànshōu qīxiàn	検査期間	66
养护	yǎnghù	補修	98
样机	yàngjī	サンプル機械、試作機	50、130
样品	yàngpǐn	サンプル、見本	76、130
业务范围	yèwù fànwéi	業務範囲	50
业务培训	yèwù péixùn	業務研修	118
医药费	yīyàofèi	医療費	120
一次性	yícìxìng	一括で	126
一次性支付	yícìxìng zhīfù	一括払いする	102
移交	yíjiāo	引き渡す	100
贻误	yíwù	誤らせる、遅延する	66
以劣充优	yǐ liè chōng yōu	品質の悪い物を質の良い物に見せかける	144
易爆	yì bào	破裂しやすい	66
易腐	yì fǔ	腐りやすい	68
议付	yìfù	協議して支払う、証拠書類に基づいて支払う	158
易燃	yì rán	燃えやすい	66
易渗漏	yì shènlòu	漏れやすい	66
义务	yìwù	義務	40、58
意向书	yìxiàngshū	意向書	146、154
异议	yìyì	異議、反対意見	78
异状	yìzhuàng	状態が異常である	66
银行电汇	yínháng diànhuì	電信送金為替	158
银行汇款	yínháng huìkuǎn	銀行振込、振替、入金	118
银行活期存款	yínháng huóqī cúnkuǎn	銀行普通預金	102
银行账户	yínháng zhànghù	銀行口座	126、158
银行转账	yínháng zhuǎnzhàng	銀行振替	52、68、102
隐患	yǐnhuàn	隠れた弊害、欠陥	116
营销	yíngxiāo	営業、販売	130
营业日	yíngyèrì	営業日	124
营业执照	yíngyè zhízhào		

中日索引

中文	拼音	日文	页码
		営業許可証	126
拥有	yōngyǒu	擁する	108
佣金	yòngjīn	仲介手数料、コミッション	40、142
用量	yòngliàng	使用量	142
优先权	yōuxiānquán	優先権	108
邮电部门	yóudiàn bùmén	郵便電信管理部門、郵便局	66
邮寄	yóujì	郵送	24
油漆	yóuqī	ペンキ	26
游泳池	yóuyǒngchí	プール	98
有毒	yǒudú	有毒である	66
有价证券	yǒujià zhèngquàn	有価証券	142
有线电视	yǒuxiàn diànshì	ケーブルテレビ	110
余款	yúkuǎn	残金	82
语种	yǔzhǒng	言語の種類	78
预付款	yùfùkuǎn	前払い金	82
预计金额	yùjì jīn'é	見込金額	146
逾期	yúqī	期限を過ぎる	28、154
原产国别	yuánchǎnguó bié	原産国	24
员工	yuángōng	従業員	130
员工宿舍	yuángōng sùshè	社員寮、従業員宿舎	100
原料	yuánliào	原料	44
约束力	yuēshùlì	拘束力	30、132
月租费	yuèzūfèi	月あたりのリース料	90
月租金	yuèzūjīn	毎月の家賃	100
运费	yùnfèi	輸送費	46
运输	yùnshū	輸送（する）	32、40、58
运输费	yùnshūfèi	輸送費	40
运行	yùnxíng	運営	98
运营	yùnyíng	運営	130
运杂费用	yùn zá fèiyòng	運輸費と雑費	58
运载	yùnzài	運送	96

Z

中文	拼音	日文	页码
杂费	záfèi	雑費	52
在场	zàichǎng	立ち会う	66
载体	zàitǐ	情報を伝える方法、媒体、キャリア	132
责令	zélìng	命じる	100
增设	zēngshè	増設する	110
摘要	zhāiyào	摘要、ダイジェスト	132
展销会	zhǎnxiāohuì	展示即売会	146
崭新	zhǎnxīn	斬新である、新しい	28
占用	zhànyòng	占有する	100
张数	zhāngshù	枚数	88
帐册	zhàngcè	帳簿	126
账单	zhàngdān	請求書	90
账号	zhànghào	口座番号	52
帐户	zhànghù	銀行口座	90
招标	zhāobiāo	入札募集	104
照收	zhàoshōu	そのまま料金を取る	94
征得	zhēngdé	求める	108
征收	zhēngshōu	徴収する	58
争议	zhēngyì	争議、論争	68、82
整机	zhěngjī	機械本体	88
正本	zhèngběn	正本、原本	78
政策	zhèngcè	政策	98
正式合同	zhèngshì hétong	正式な契約書	148
证书	zhèngshū	証書、証明書	102
支付	zhīfù	支払う	96、136
支付方式	zhīfù fāngshì	支払方法	102、108
支付期	zhīfùqī	支払日	110
支付期限	zhīfù qīxiàn	支払期日	102
支票	zhīpiào	小切手	118
直拨	zhíbō	直送する	40
执勤服装	zhíqín fúzhuāng	警備服	118
执勤纪律	zhíqín jìlǜ	勤務規律	116
职责	zhízé	職責	38、118
致残	zhìcán	障害が残る、身体障害を引き起こす	120
质量	zhìliàng	品質	64、74、80、146
质量保证书	zhìliàng bǎozhèngshū	品質保証書	26
质量低劣	zhìliàng dīliè	品質が悪い	28
质量检验	zhìliàng jiǎnyàn	品質検査	46

索引

中文	拼音	日本語	ページ
质量检验证明	zhìliàng jiǎnyàn zhèngmíng	品質検査証明書	146
滞期费	zhìqīfèi	滞船料、デマ	26
制造方法	zhìzào fāngfǎ	製造方法	130
制造商	zhìzàoshāng	製造業者、メーカー	38
中央空调	zhōngyāng kōngtiáo	セントラル・エアシステム	98
终止	zhōngzhǐ	終了する、やめる	42、48、82、104
中转站	zhōngzhuǎnzhàn	中継所	98
种类	zhǒnglèi	種類	80
仲裁	zhòngcái	仲裁する	68、82
仲裁机构	zhòngcái jīgòu	仲裁機関	52
仲裁机关	zhòngcái jīguān	仲裁機関	48
重量保证书	zhòngliàng bǎozhèngshū	重量保証書	26
注明	zhùmíng	明記する、はっきり書き入れる	158
专家	zhuānjiā	専門家、エキスパート	46
专利	zhuānlì	特許	162
专营公司	zhuānyíng gōngsī	専門会社	100
专有技术	zhuānyǒu jìshù	ノウハウ	162
转录	zhuǎnlù	ダビングする、コピーする	132
转让	zhuǎnràng	譲渡する	48、158、162
转用	zhuǎnyòng	転用する	40
装箱尺码	zhuāngxiāng chǐmǎ	コンテナサイズ	26
装卸	zhuāngxiè	積み下ろしする	34、56
装修	zhuāngxiū	内装工事をする	50
装修改造	zhuāngxiū gǎizào	改修する、改装する	110
装运单据	zhuāngyùn dānjù	船積書類	26
装运港	zhuāngyùngǎng	船積港	26
装运港口	zhuāngyùn gǎngkǒu	船積港	26
装运码头	zhuāngyùn mǎtóu	船積埠頭	158
装运唛头	zhuāngyùn màitóu	荷印、シッピングマーク	26、158
装运日期	zhuāngyùn rìqī	船積日	26、158
追查	zhuīchá	追及する	60
资金	zījīn	資金	154
资料	zīliào	資料	66
资信状况	zīxìn zhuàngkuàng	与信状況	126
咨询	zīxún	相談	136
资质证明	zīzhì zhèngmíng	会社謄本、営業許可証、個人の資格書など各種の公的証明書、資格証書	80
自然属性	zìrán shǔxìng	商品の本来の品質や利用価値	60
自然灾害	zìrán zāihài	自然災害	104
字数	zìshù	文字数	80
自行车房棚	zìxíngchē fángpéng	駐輪場	98
总价	zǒngjià	総額	154
总结算	zǒngjiésuàn	総決算	52
总值	zǒngzhí	総額	34
走廊	zǒuláng	廊下	98
租车	zūchē	車をレンタルする	94
租金	zūjīn	賃貸料、リース料金	52、68、94、108
租赁	zūlìn	貸し出す	108
租用期	zūyòngqī	レンタル期間、リース期間	90、94
足量	zúliàng	充分な数量	146
座落	zuòluò	位置する	108

日中索引

数字は中国語の用語の掲載ページ

あ行

明け渡す	退交	110
新しい	崭新	28
後始末	善后处理	104
アレンジする	布置	50
安全運転	安全行驶	96
鋳型	模具	130
異議	异议	78
育成する	培养	136
意向書	意向书	146、154
委託する	委托	38、72、98
位置	位置	80
位置する	座落	108
一覧払い	即期付款	158
一覧払い為替手形	即期汇票	26
一括で	一次性	126
一括払いする	一次性支付	102
一般人	普通大众	132
偽りの報告をする	虚报	42
違反する	违约	48
イベント活動	文化娱乐活动	98
違約責任	违约责任	120
違約金	违约金	34、58、66、82
医療費	医药费	120
インフラ	基础设施	150
	基建	144
インボイス	发票	40
受け取る	提取	58
雨水管を敷設する、雨水排出施設		
	通雨水	150
うそである、偽りである		
	虚假	42、144
訴え出る	投诉	142
運営	运行	98
	运营	130
運送	运载	96
運送費と雑費	运杂费用	58
運送を始める	启运	28
運転	驾驶	96
運転手	司机	94
営業許可証	营业执照	126
営業、販売	营销	130
営業日	工作日	82、126

営業日	营业日	124
衛生許可書	卫生许可证	146
エキスパート	专家	46
得る	获取	132
L/C	信用证	26、158、162
エレベータ	电梯	98
延期する	延期	68
エンジニア	工程技术专家	162
延長する	延长	28
	延续	124
汚水	污水	150
汚染する	污染	68
オファー	报价	38
覚書	会谈备忘录	162

か行

買入れ	购入	32
海運	海运	24
外観、外見	外观	66
会議備忘録	会谈备忘录	162
開業する	开业	52
会計監査	财务监督	100
開始日と終了日	起止日期	80
解除する	解除	58
改修する、改装する	装修改造	110
買付けと販売	购销	146
買い付ける	采购	144
回復する	补救	126
買う	购买	162
家屋倒壊	房屋倒塌	90
価格	价格	142
価格決定計画	定价政策	130
化学検査報告書	化验报告	60
価格表	价目表	40
書留	挂号	28
確認書	确认书	158
隠れた弊害	隐患	116
火災防止	防火	116
飾り付ける	布置	50
貸し出す	租赁	108
過失	过错	60、96
貸付金	贷款	124
ガス代	煤气费	110

179

索引

型番	型号	88
金型	模具	130
金	款项	90
貨物到着通知	到货通知书	58
空積み運賃	空仓费	26
為替で送金する	汇付	126
代わる	替代	126
元金	本金	124
勘定	来往账目	52
関税	海关税	40
完全である	完好	110
鑑定	鉴定	104
鑑定費用	鉴定费	34
管理規約	管理分项标准	102
機械本体	整机	88
規格、仕様	规格	56、64
規格品質証明書	规格质量证明	60
器具	工具	50
危険物	危险物品	66
期限を過ぎる	逾期	28、154
記載する	记载	100
機種	品牌	88
技術関連書類	技术文档	130
技術欠陥	工艺不佳	28
技術指導	技术指导	50、162
技術指標	技术指标	130、142
技術プラン	技术方案	130
技術報告	技术报告	130
議事録	会谈备忘录	162
傷がない	完好	110
規則、規定	规章制度	100
起訴する	起诉	68、82
規範、標準	规范	154
基本印刷枚数	基本印数	90
基本給	基本工资	94
機密保持、機密を守る		
	保密	40、82、144
機密を漏洩する	泄密	82、130
義務	义务	40、58
キャリア	载体	132
求償	索赔	28
給水設備	供水设备	98
給与	薪水	52
教育	教育	118
協議、交渉	磋商	154
協議する	洽商	52

供給	供应	74
教授する	讲授	136
業務研修	业务培训	118
業務範囲	业务范围	50
共用施設	共用设施	98
共用照明	共用照明	98
共用スペース	公共场地	98
共用部分	共用部位	98
規律違反	违纪	118
金額	款项	90
銀行口座	银行账户	126、158
	账户	90
銀行普通預金	银行活期存款	102
銀行振替	银行转账	52、68、102
銀行振込	银行汇款	118
金銭と物資	财物	112
勤務規律	执勤纪律	116
食い違う	脱节	74
空輸	空运	24
腐りやすい	易腐	68
具体的な事項	具体事项	148
国の品質鑑定機関	国家鉴定组织	144
倉出しする	提货	66
クリーンB/L	清洁海运提单	26
車	车辆	94
車をレンタルする	租车	94
グロス	毛重	26
ケーブルテレビ	有线电视	110
計画して建設する	筹建	50
経済的損失	经济损失	66
経済動向	经济动向	136
刑事責任	刑事责任	66
継続する	延续	124
警備	警卫	116
警備員	保安员	118
警備業務	保安服务	116
警備担当エリア	保安区域	116
警備服	执勤服装	118
契約	合约	38
契約が成立する、成約する		
	成交	158
契約を履行する、約束通りに行う		
	履约	28
けがをする	受伤	120
下水道	污水	150
欠陥、不備	缺陷	60

日中索引

日本語	中国語	ページ
	隐患	116
決済	结算	34、44、52、56、68
決算報告	决算报告	100
見学する	参观考察	162
研究開発記録	研究开发记录	130
現金	现钞	142
現金	现金	102
言語の種類	语种	78
検査	检查	110
	验收	34、46、66、154
検査期間	验收期限	66
検査証明書	检验证书	28
検査する	检验	32、76
検査報告	检测报告	130
原産国	原产国别	24
研修（する）	培训	46、50
原状を回復する	恢复原状	110
建設	建设	150
建築面積	建筑面积	108
検討する	探讨	162
原本	正本	78
権利	权利	40、58
原料	原料	44
公安機関	公安机关	98
合意書	协议	38
公開技術	公开技术	82
交換する	互换	110
	替换	90
航空便	航邮	26
会計	来往账目	52
広告	广告	80
広告会社	广告经营公司	80
広告料	广告费	80
口座開設銀行	开户银行	52、118
口座番号	账号	52
工事（する）	施工	110、154
工事現場	施工场地	154
行使する	行使	126
講じる	讲授	136
（契約）更新する	续订	104、138
洪水	洪水	104
構造	结构	110
拘束力	约束力	30、132
購入する	购买	44
	采购	144
購買権	购买权	110
購買する	购买	162
小切手	支票	118
顧客開拓	拓展用户	38
顧客リスト	客户名单	130
国有地	国有土地	150
故障する	故障	90
固定金利	固定利率	124
コピー	复印	132
	复印件	126
コピー機	复印机	88
ゴミ	垃圾	98
顧問料	顾问费	136
コンサルタント	经济顾问	136
コンテナサイズ	装箱尺码	26
コンテナ番号	箱号	26
コンビニエンスストア	便利店	98
コンピュータソフト	计算机软件	130
梱包	包装	40、58、64、146、158
梱包費	包装费	40
梱包を変える	改装	40

さ行

日本語	中国語	ページ
サービスセンター	维修服务中心	50
再検査	复检	78
再修理する	返修	46
裁定する	裁定	132
財務印	财务专用章	34
財務資料	财务资料	130
財務報告書	财务报表	100、126
差額	差额	68
作業基準	工作标准	102
削除する	删除	132
作成する	开具	90
差し止める	扣压	58
差し引く	扣回	74
雑費	杂费	52
残業代	加班工资	94
残金	余款	82
斬新である	崭新	28
産地	产地	72
サンプル	样品	76、130
サンプル機械	样机	50
仕入れ価格	进货价格	68
仕入れルート	进货渠道	130
時間外労働	超时工作	94

181

索引

資金	资金	154	充分な数量	足量	146
事件	案件	116	終了、やめる	终止	42、48、82、104
試験結果	试验结果	130	重量保証書	重量保证书	26
事件現場	发案现场	116	受益者、受取人	受益人	26、162
資材調達資料	采购资料	130	熟知する	熟知	132
資材リスト	材料清单	154、162	出荷する	发运	60、68
試作機	样机	130	出荷通知書、出荷伝票		
視察する	参观考察	162		发货通知单	40、72
事実に基づいて	如实	76	出入庫	出入库	66
死傷	人身伤亡	34	授与する	颁发	102
地震	地震	90、104	種類	种类	80
施設	设施	98	順延する	顺延	126
自然災害	自然灾害	104	竣工資料	竣工资料	100
湿気を防ぐ	防潮	24	竣工する	竣工	154
実験データ	实验数据	130	純量、ネット	净重	26
失効する	失效	66	使用期間	使用年限	150
シッピングマーク	装运唛头	26、158	使用量	用量	142
実物	实物	142	障害が残る	致残	120
地ならしをする	平整	150	傷害保険	人身意外保险	118
支払期日	支付期限	102	商業機密	商业机密	142
支払条件	付款条件	162	上下水道管	上下水道管	98
支払日	付款时间	118	条項	条款	24
	支付期	110	詳細	详情	68
支払方法	付款方式	118、158	証書、証明書	证书	102
	支付方式	102、108	上水道	上水	150
支払う	承付	26	状態が異常である	异状	66
	付款	68、96	承諾する	承诺	108
	缴纳	110	譲渡する	转让	48、158、162
	支付	94、136	賞罰	奖惩	102
	交纳	66、88	商標	商标	46
	偿付	34、60	商品検査局	商品检验局	26
死亡する	牺牲	120	商品検査証明書	商检证书	28
事務所用スペース	办公用房	100	商品、品物	货物	56、64
社員寮	员工宿舍	100	商品説明書	产品说明书	80
借金、借入金	借款	124	商品代金	货款	26、74、146、158
邪魔する	干扰	142	商品名	产品名称	146
従業員	员工	130	商品をストックする、在庫品		
従業員宿舎	员工宿舍	100		存货	64
収集	收集	98	商品を発送する	发货	68
修正（する）	修改	46、80	招聘する	聘请	116、136
修理、修繕、メンテナンス				选聘	100
	维修	88、98、110	情報	信息	136
修理費用	修理费用	96	情報を収集する	收集信息	38
修理保証	保修	154	情報を伝える方法	载体	132
収入	收入	100	情報を提供する、情報供給		
修復する	修复	90		提供情况	116

日中索引

正本	正本	78
証明書	单据	76
消耗品	消耗材料	90
奨励する、報奨	奖励	102、142
職責	职责	38、118
職務担当能力がある	称职	120
書式	格式	78
初歩の、初歩的な	初步	146
署名する	签字	42
書類を作成・発行する		
	出具	32、68、76
調べて確認する	查实	144
資料	资料	66
	档案	98
人材	人才	136
審査する	审核	76
人身	人身	110
新製品	新产品	38
親族	亲属	142
身体障害を引き起こす		
	致残	120
進展	进展	148、150
信用状	信用证	26、158、162
水害	水灾	90
推算、推定	估算	154
水道料金	水费	110
数量	数量	64
スタンプ	戳记	66
受領書付け	领证凭亲	76
受領日	签收日期	66
セールスする	推销	38
請求書	账单	90
請求する	索取	78
政策	政策	98
生産技術	生产技术	162
生産許可書	生产许可证	146
生産プロセス	工艺流程	130
正式な契約書	正式合同	148
製造業者	制造商	38
製造番号	机身编码	88
製造方法	制造方法	130
精通する	精通	38
製品カタログ	产品样本	50
製品検査ハンドブック		
	产品验收手册	34
税務	税务	52
セキュリティ・モニタリング		
	安全监控	98
施工（する）	施工	110、154
設計図	图纸	130、154
設備	设备	162
全権代理	全权代理	38
善後策	善后处理	104
全体	完整的整体	162
セントラル・エアシステム		
	中央空调	98
専門会社	专营公司	100
専門家	专家	46
専門技術者	工程技术专家	162
占有する	占用	100
草案	草案	162
増改築する	改扩建	100
総額	总价	154
	总值	34
争議	争议	68
総決算	总结算	52
倉庫に蓄える	仓储	32、64
操作・使用説明書	操作使用说明书	24
操作ハンドブック	操作手册	130
総重量	毛重	26
増設する	增设	110
相談	咨询	136
測定機器	测试仪器	50
訴訟を起こす	诉讼	42
そろっている	齐全	66
損壊（する）	损坏	58、66
損害賠償請求期限	索赔期	66
損傷する	毁坏	112
	损伤	24
損耗、消耗	损耗	66
損耗率	损耗率	46

た行

待遇	待遇	94
第三者	第三方	110、130
ダイジェスト	摘要	132
耐震	抗震	24
滞船料	滞期费	26
代表団	代表团	162
台風	台风	104
代理人	代理	130
代理販売する	代销	38、72

183

索引

高さ	高		26
蓄える	储存		64
立ち会う	在场		66
立替え費用	代垫费用		74
建物	房屋		98、108
ダビングする、コピーする	转录		132
単価	单价		82
タンクローリー	罐车		60
担当者	经办人		66
ダンピング	倾销		42
治安事故防止	防治安事故		116
チェック基準	考核标准		102
チェックする	审核		76
遅延する	延迟		46、82
地方裁判所	地方法院		42
仲介手数料	佣金		40、142
中継所	中转站		98
仲裁機関	仲裁机构		52
	仲裁机关		48
仲裁する	仲裁		68、82
駐車場	停车场		98
注文書	订单		38
駐輪場	自行车房棚		98
長期	常年		136
長距離輸送	长途运输		94
調合方法	配方		130
徴収する	收取		78、90
	征收		58
調停する	调解		68
帳簿	帐册		126
直送する	直拨		40
貯蔵する	储存		64
賃金、給与	工资		118
賃貸する	出租		88、108
賃貸料	租金		52、68、94、108
追及する	追查		60
通信	通讯		150
通信料金	通讯费		110
月	历月		126
月あたりのリース料	月租费		90
積み下ろしする	装卸		34、56
積み出し	发运		60、68
積荷番号	货号		158
吊り金具	吊具		60
データ	数据		32
データベース	数据库		130
手当	补贴津贴		94
提案	建议		136
定款	公司章程		126
提訴する	起诉		68、82
T/T	电汇		26、44、126
出入り口	出入口		106
手入れする	保养		50
適時である	及时		66
摘要	摘要		132
手数料	手续费		74
手数料を受け取る	收佣		40
撤回する	撤销		26
手に入れる	获取		132
デマ	滞期费		26
電気回路設計	电路设计		130
電気料金	电费		110
点検する	点清		110
展示する	陈列		50
展示即売会	展销会		146
電信送金為替	银行电汇		158
	电汇		26、44、126
天地無用	此面向上		26
添付資料	附件		76
店舗用スペース	经营性商业用房		100
転用する	转用		40
問い合わせる	查询		78
道具	工具		50
倒産	破产		126
当事者	当事人		66
到着する	抵达		26
盗難防止	防盗		116
道路	道路		98
特殊品	特殊物品		66
土地開発費	土地开发费		150
土地使用権	土地使用权		150
土地使用料	土地使用费		150
特急料金	加急费		76、82
特許	专利		162
取扱者	经办人员		142
取扱注意	小心轻放		26
取り替える	退换		46
	更换		28、52、90
取消不能	不可撤销		158
取り消す	撤销		26
取立為替	托收		26

取付工事	安装工程	154
取引	交易	142
取引帳簿	来往賬目	52

な行

内装工事をする	裝修	50
長さ	长	26
投げ売りをする	倾销	42
捺印する	盖章	42
荷受書	凭据	56
荷受けする	收货	56
荷下ろしする	卸货	34、56
荷印	裝运唛头	26、158
日常の手入れ	日常保养	88
入金	银行汇款	118
入札募集	招标	104
値上げする	加价	100
年次管理計画	年度管理计划	100
年次予算	年度费用预算	100
燃料	燃料	94
ノウハウ	专有技术	162
納品場所	交货地点	72
納品	交货	40、44、68
納付する	交纳	66、88
ノックダウン	来件组装	44

は行

パーセンテージ	百分比	40
パーツ	零配件、零件	44、88
売却する	出卖	110
配車権	调度权	96
賠償する	赔偿	24、34、46、58、96
	抵偿	68
賠償責任	赔偿责任	66
敗訴する	败诉	30、132
媒体	载体	132
配電設備	配电系统	98
爆発	爆炸	60
爆発防止	防爆炸	116
派遣する	派遣	50
破産	破产	126
破損する	毁损	66
はっきり書き入れる	注明	158
罰金(を取る)	罚款	28
バックマージン	回扣	142

発行する	颁发	102
パトロール	巡逻	116
	巡视	98
話し合う	协商	24
幅	宽	26
破裂しやすい	易爆	66
挽回する	补救	126
販促期	推广期	40
反対意見	异议	78
販売	销售	72
販売計画	行销计划	134
販売する	推销	38
販売代理人	销售代理人	38
引き受ける	接受	76
引き延ばす	拖延	144
引き払う	迁空	110
引き渡す	交货	40、44、68
	移交	100
備考	备注	78、146
批准証書	批准证书	126
必要な数量	需要量	146
ビル管理費	物业管理费	110
品質	质量	64、74、80、146
品質が悪い	质量低劣	28
品質検査	质量检验	46
品質検査証明書	质量检验证书	146
品質保証書	质量保证书	26
品名	品名	64
プール	游泳池	98
フィットネスジム	健身房	98
フォーマット	格式	78
不可抗力	不可抗力	60、68
複合一貫輸送、複合輸送	联运	60
複製する	复制	130
福利経費	福利费用	118
負傷する	受伤	120
腐食	腐蚀	60
腐食する	锈蚀	24
不足	短缺	58
附属書類	附件	76
不足する	短少	68
付属品	附件	88
不足分を納める	补交	112
付帯サービス施設	配套服务设施	98
付帯施設	所属设施	110

索引

付帯設備	附属设备		98	保管する	保管		64
不積み運賃	空仓费		26	補強する	加固		40
不動産管理	物业管理		98	保険	保险		160
不動産所有権	房产所有权		110	保険会社	保险公司		120
不動産所有者	房产所有者		110	保険に加入する	投保	26、	160
船積港	装运港		26	保険料	保险费	40、46、	94
	装运港口		26	補修	养护		98
船積み準備	备货待装		26	補充、補足	补充	80、	104
船積書類	装运单据		26	補充する	补足		46
船積日	装运日期	26、	158	保証期間	保证期		28
船積埠頭	装运码头		158	保証金	保证金		110
船の便名、船の名前船名			28		风险抵押金		102
部品	附件		88		押金		88
	零配件、零件	44、	88	補償金	抚恤金		120
部品組立て	来件组装		44	補償する、補填する補償		68、	102
部品図	零件图册		50	補助する、補填する、手当て			
プロジェクト	项目		150		补贴		100
プロセスデザイン、工程設計							
	工程设计		130	**ま行**			
分割する	分割		158	枚数	张数		88
紛失する	灭失		68	毎月の家賃	月租金		100
文書	档案		98	前払い金	预付款		82
分析する	分析		136	守る	防护		24
紛争	纠纷	46、	68	満期になる	期满		88
分担する	分摊		104	見かけ	外观		66
平方メートル	平方米	100、	108	見込金額	预计金额		146
別途協議する	另议		136	ミス	差错		66
ペンキ	油漆		26		过错	60、	96
返却する	归还		132	店構え	铺面		50
	退还	102、	110	店先	铺面		50
	退回		82	見本	样品	76、	130
変更（する）	更改	58、104、	146	無故障船荷証券	清洁海运提单		26
弁護士費用	律师费		34	無利息	无息		110
返済	还款		126	無料	免费		88
返済する	偿还		126	メーカー	生产厂家		24
返済を遅らせる	拖欠		124		制造商		38
変質（する）	变质	58、	66	明記する	注明		158
弁償する	赔偿	24、34、46、58、	96	明細書	清单		44
妨害する	干扰		142	命じる	责令		100
法規	法规		98	メディア	媒体		132
報告して記録を残す	备案	48、	112	面積	面积	80、	150
防護する	防护		24	免責事項	免责事宜		90
防湿	防潮		24	面談する	洽谈		146
報酬	报酬	118、	136	メンテナンス	维护保养	24、	96
放送（掲載）回数	播出（刊登）次数		82		维修	88、98、	110
別の用途	他用		150	メンテナンススタッフ			

186

日本語	中国語	ページ
	维修人员	90
燃えやすい	易燃	66
目的地	目的地	58
模型	模型	50、130
文字数	字数	80
求める	征得	108
もめごと	纠纷	46、68
漏らす	透露	40
	泄露	130
漏れやすい	易渗漏	66

や行

日本語	中国語	ページ
有価証券	有价证券	142
融資	融资	124
優先権	优先权	108
郵送	邮寄	24
有毒である	有毒	66
郵便電信管理部門、郵便局		
	邮电部门	66
輸出入手続き	进出口手续	46
輸送	清运	98
輸送(する)	运输	32、40、56
輸送費	运费	46
	运输费	40
輸送を委託する	托运	56
輸送を引き受ける	承运	56
擁する	拥有	108
用地使用料	场地使用费	150
与信状況	资信状况	126
予備品、スペア	备品	52
呼び戻す	调回	94

ら行

日本語	中国語	ページ
落成する	竣工	154
リース	出租	88、108
リース料金	租金	52、68、94、108
利益譲渡	让利	142
利益変換	返利	142
利益を得る	获利	38
陸揚港	卸货港口	26
履行する	履行	68、130
利息、利子	利息	88
領収書	发票	40
	凭据	56
利率	利率	124
類似する	类似	38
レンタル	出租	88、108
レンタル期間	租用期	90、94
廊下	走廊	98
労災保険	人身意外保险	118
労働報酬	劳务费	68
論争	争议	82

わ行

日本語	中国語	ページ
賄賂を受け取る	受贿	142
賄賂を贈る	行贿	142
賄賂を要求する	索贿	142
割り勘にする	分摊	104

編者紹介

莫邦富事務所

莫 邦富（モー・バンフ）

1953年中国・上海生まれ。上海外国語大学卒業後、同大学講師を経て、85年に来日。知日派ジャーナリストとして、政治経済から社会文化にいたる幅広い分野で発言を続け、「新華僑」や「蛇頭（スネークヘッド）」といった新語を日本に定着させた。

『蛇頭』（新潮社）、『中国全省を読む地図』（新潮社）、翻訳書『ノーと言える中国』（日本経済新聞社）がベストセラーとなり、話題作には『日本企業はなぜ中国に敗れるのか』（新潮社）、『これは私が愛した日本なのか』（岩波書店）、『新華僑』（河出書房新社）『mo@china 莫邦富・中国レポート』（ジャパンタイムズ）、『中国の心をつかんだ企業戦略』（集英社）などがある。現在、朝日新聞be（土曜版）にて「mo@china」連載中。

楼 志娟（ロウ・シケン）

上海外国語大学卒業。『中国ビジネス必携 中国語ミニフレーズ』（ジャパンタイムズ）、『24のコツで中国語がびっくりするほど身につく本』（あさ出版）、『新・中国語講座』（日本通信教育連盟）などの著書・訳書がある。

廣江祥子（ヒロエ・サチコ）

早稲田大学第一文学部卒。「新・中国語講座」（日本通信教育連盟）の主要執筆者。共著・共訳書に『上海新天地』（海竜社）、『上海メモラビリア』（草思社）、『毛沢東夫人・江青の真実』（海竜社）などがある。

呉 梅（ウ・メイ）

北京師範大学卒。『日・中・英 企業ブランド名辞典』（日本経済新聞社）、『持って歩く中国語会話BOOK』（西東社）などの著書・共著書がある。NHK大河ドラマ『北条時宗』の中国語指導にも携わる。

張 玉人（チョウ・ギョクニン）

中国吉林大学外国語学部英文学科卒。神奈川大学大学院法学研究科博士前期課程修了。瀋陽化学工業大学専任講師、神奈川大学法学部客員研究員を経て、中国弁護士資格を取得。現在、北京漢坤法律事務所パートナー弁護士。在日中国弁護士連合会副会長、日本新華僑華人会理事、日本華文教育協議会執行委員、東北振興支援委員会顧問弁護士を歴任。日中間取引における法関連業務を提供する弁護士として活躍している。

基礎知識と実例 中国語契約書
2006年7月5日初版発行

編 者　莫邦富事務所、張玉人　© Mo Bangfu Office, 2006
発行者　小笠原 敏晶
発行所　株式会社 ジャパン タイムズ
　　　　〒108-0023　東京都港区芝浦4-5-4
　　　　電　話　東京（03）3453-2013 ［出版営業］
　　　　　　　　　（03）3453-2797 ［出版編集］
　　　　振替口座　00190-6-64848
　　　　ジャパンタイムズブッククラブ　http://bookclub.japantimes.co.jp/
　　　　上記ホームページでも小社の書籍をお買い求めいただけます。
印刷所　倉敷印刷株式会社

定価はカバーに印刷してあります。
Printed in Japan
ISBN 4-7890-1199-2